I0055997

Previsiones de Tráfico e Ingresos en Carreteras de Peaje

Guía Interpretativa

Previsiones de Tráfico e Ingresos en Carreteras de Peaje

Guía Interpretativa

Robert Bain

Foto de portada: © Robert Bain 2009
Portada diseñada por Greg Banks @ BDDesign LLC
Libro impreso en papel libre de ácido

Primera Edición 2009
Copyright © 2009, Robert Bain
Todos los derechos reservados

El derecho de Robert Bain de ser identificado como autor de este trabajo ha sido evaluado de acuerdo con el Acta de Derechos de Autor, Diseños y Patentes de 1988.

Ningún fragmento de esta publicación podrá ser reproducido o transmitido de ninguna forma o medio, electrónico o mecánico, incluyendo fotocopia, grabación o cualquier otro dispositivo de almacenamiento de información y recuperación de datos, sin permiso escrito del autor. El permiso podrá pedirse directamente a Robert Bain mediante correo electrónico: info@robbain.com

Aviso
El editor no asume ninguna responsabilidad en caso de daños o lesiones a personas o propiedades como consecuencia de un uso negligente, o por cualquier uso u operación de cualquier método, producto, instrucciones o ideas contenidas en el material que se presenta.

Catalogado por la British Library
El registro de este libro está disponible en el catálogo de la British Library
ISBN: 978-0-9561527-2-5

Formato y diseño por Ángel Editing, Barcelona
Impreso y encuadernado por Publicaciones Digitales SA, Sevilla

10 9 8 7 6 5 4 3 2

Preámbulo

Durante más de veinte años he estado trabajando con modelos de previsión de tráfico. Al comienzo, como consultor de transporte encargado de desarrollar modelos, posteriormente, como analista de crédito evaluando sus resultados, previsiones de tráfico e ingresos y, más recientemente, como técnico independiente, revisando estos modelos y sus previsiones en nombre de los inversores. Con el paso de los años, mi principal conclusión es simple: en un mundo caracterizado por la incertidumbre, es casi seguro que las previsiones de tráfico serán erróneas.

Dando un paso atrás y examinando la precisión de los modelos propuestos: ¿podría ser posible prever los patrones de viaje de los individuos, por ejemplo, en el año 2025, de forma precisa. Suponiendo que los parámetros del modelo reflejen por completo y con precisión las preferencias y el comportamiento del conductor, y que todas las hipótesis y las expectativas hayan cristalizado según lo previsto? No. Esto motiva el avance a partir de estos argumentos «pasados de moda» que defienden la exactitud de modelos hacia un diálogo más constructivo sobre la modelización de error —su naturaleza y el alcance— y la importancia de aplicar modelos de tolerancia de error.

La tolerancia para la modelización de error vendrá determinada por la finalidad para la cual se hagan las previsiones de tráfico. Si estamos diseñando una nueva carretera y tenemos que decidir si debe tener dos o cuatro carriles, es posible que podamos dar cabida a una gama relativamente amplia de modelos de error. Si, por otra parte, estamos evaluando si un nuevo programa de autopistas de peaje agresivamente estructurado y con una financiación cuidadosamente realizada asegurará o no que las obligaciones de la deuda se cumplirán en su totalidad y a tiempo, nuestra tolerancia se reduce considerablemente (todo ello suponiendo todos los demás factores en igualdad de condiciones). El tráfico y las previsiones de ingresos sólo pueden ser evaluados en el contexto en el que se utilizan; y en el análisis de crédito esto significa, dentro de la estructura contractual, la financiación específica de un determinado acuerdo.

En general, en los servicios financieros la tolerancia del error tiende a ser baja. Los promotores de carreteras de peajes y sus ingenieros financieros dan mayor credibilidad a la exactitud predictiva y a la dependencia de los ingresos que la que la evidencia empírica —estudiada en esta guía— apoyaría. Para el analista de crédito, esto convierte de gran importancia un análisis de sensibilidad. Sin embargo, para que el análisis de sensibilidad sea de más ayuda, se ha de asegurar que las sensibilidades sean elaboradas en torno a un caso base que represente supuestos razonables sobre el futuro. Los casos base diseñados para contar una determinada historia o vender un acuerdo particular, son menos útiles para los participantes en el mercado, y los resultados de las pruebas de sensibilidad, en el mejor de los casos, siguen siendo confusos.

El propósito de esta guía es facilitar a los usuarios de previsiones de tráfico una herramienta que les ayude a la comprensión del proceso de modelización, para lo cual se presentan algunas herramientas sencillas que pueden ayudar a interpretar estas previsiones. Gran parte de esta guía se basa en juicios razonables y sensatos. Podemos otorgar más credibilidad a un razonamiento simple que por intuición parece correcto, que a una historia compleja que requiere abundantes y detalladas explicaciones difíciles de apoyar. En definitiva, podemos afirmar que no existe sustituto para el sentido común. Espero que encuentre la guía útil.

Robert Bain
www.robbain.com

AGRADECIMIENTOS

El autor desea agradecer al Banco Europeo de Inversiones (BEI) el encargo de una versión anterior de esta guía para su publicación interna. La guía posteriormente ha sido extendida y ampliada; aun así el autor agradece al personal del BEI su ayuda inicial, su orientación y sus contribuciones. El autor extiende su agradecimiento a Álvaro García Castro, Ingeniero Civil por la Universidad Politécnica de Madrid y traductor de esta guía.

Las opiniones expresadas aquí, sin embargo, son propias del autor y no reflejan necesariamente la posición del BEI. El autor asume la responsabilidad de cualquier error que se encuentre en esta versión ampliada de la guía.

ÍNDICE

1. INTRODUCCIÓN

SOBRE ESTA GUÍA

Propósito de la Guía

Esta guía se ha preparado para usuarios de previsiones de tráfico e ingresos, principalmente para los que participan en el análisis de crédito de las carreteras de peaje, carreteras, puentes y túneles. No está diseñada para ilustrar los principios de la modelización del tráfico, aunque algunos de estos principios se resumen en las siguientes páginas. Por el contrario, ha sido desarrollada para facilitar la interpretación y para promover el debate y la discusión acerca de las entradas y salidas en los modelos de predicción de tráfico.

Los estudios de tráfico e ingresos se pueden presentar de diversas formas. A menudo, al lector cuya experiencia y conocimientos están en otros campos estos documentos le resultan enormes, con un lenguaje especializado y técnico con una matemática sofisticada que se extiende a cientos de páginas. Estas características no deben ocultar el hecho de que los modelos de tráfico siguen siendo incompletas y crudas simplificaciones de lo que son en la vida real, patrones de decisión complejos y en constante evolución como, por ejemplo, los viajes y sus interacciones con las redes de transporte. Los resultados de los modelos de predicción deben ser siempre vistos con cautela y en el contexto de sus limitaciones inherentes.

Sin embargo, cuando se aplican los modelos de tráfico adecuadamente, proporcionan un buen entendimiento sobre las reacciones de los usuarios de una carretera ante situaciones futuras. Los resultados de los modelos facilitan la evaluación de las alternativas de transporte y el examen de la sensibilidad de los resultados (volumen de tráfico) a los cambios en las principales variables de entrada.

La lectura de la guía no le convertirá en un experto en modelización de tráfico, no se preocupe. Sin embargo, trata de arrojar luz sobre algunas de las cuestiones que los asesores de tráfico han de abordar, algunas de las técnicas a su alcance y las limitaciones prácticas a las que se enfrentan. La familiaridad con el proceso — aunque a partir de un alto nivel— tiene el potencial de mejorar el interfaz entre los que preparan las previsiones de tráfico e ingresos en carreteras de peaje y los que tienen que interpretarlas y utilizarlas. Muchos asesores de tráfico desarrollan un profundo conocimiento de las cuestiones de proyectos específicos que están modelizando, a veces más allá de las capacidades de su modelo. Aproveche este conocimiento y obtendrá un mayor rendimiento de su asesor de tráfico.

Alcance de esta guía

El principal objetivo de esta guía es la previsión de ingresos; cómo se realizan, qué buscar y qué puede salir mal —involuntariamente (error) o de forma intencionada (sesgo)—. El lector para el cual está dirigido el libro es un analista de crédito, orientado al sector de las carreteras de peaje. Sin embargo, la guía debería ser de interés para todas las partes interesadas en la inversión en infraestructuras y, en particular, las que tienen dependencia de la liquidez a largo plazo. También mantiene su relevancia más allá de las carreteras de peaje. A modo de ejemplo podemos cambiar del sector de la carretera al del ferrocarril y considerar una de las mayores hazañas de ingeniería del siglo XX en Europa; el túnel del canal de La Mancha:

> «Lo que no se conocía entonces era que las previsiones de demanda de tráfico ferroviario [...] eran una farsa. Un funcionario de alto rango admitió el año pasado que las previsiones fueron deliberadamente optimistas para hacer del túnel un negocio. La previsión original llegaba a los 17 000 pasajeros en el 2003; en realidad, la cifra se quedó en poco más de 7000. Si se hubieran hecho previsiones exactas, nunca se hubiera construido el túnel».
>
> *The Guardian*, 7 de abril de 2004

En casos notorios, cuando las tasas de retorno están basadas sólo en activos únicos y en flujos de caja de proyectos apoyados en la demanda (al contrario de los que se basan en el balance general), la inversión en infraestructuras se convierte en un juego con fuertes apuestas y altos incentivos. El proceso de previsión, imperfecto desde el principio, rara vez se aísla de estos incentivos. Los analistas de crédito deben hacer las preguntas adecuadas a sus asesores técnicos y en este sentido, la comprensión de los procesos de previsión es un requisito previo muy importante. Todo esto es muy cierto para las carreteras de peaje pero también para otros proyectos de transporte y en otros sectores en los que los inversores con recursos limitados están expuestos a riesgos asociados a la demanda.

Estructura de la Guía

En el resto de este capítulo se establece un escenario en el cual se coloca el riesgo de tráfico en el contexto más amplio de los riesgos de un proyecto, los cuales pueden tener un impacto en la liquidez a la hora de realizar el planteamiento de la carretera de peaje. El riesgo de tráfico no es homogéneo, sin embargo, se examinan algunas de sus características y el papel de las diversas circunstancias atenuantes. Al final del capítulo 1, la atención se dirige hacia el análisis de crédito y el impacto que tiene el riesgo de tráfico partiendo de la evaluación global de un proyecto de crédito, su calidad y sus debilidades.

El capítulo 2 presenta las previsiones de tráfico y en él se esbozan las diversas etapas en la elaboración de un modelo típico de transporte. Se describen las formas de representar la oferta y la demanda en los mercados de viajes locales (como son los tipos de estudio y encuestas dispuestas por el modelizador). Se examinan las previsiones de tráfico, especialmente cómo se produce su crecimiento, y se explica la relación entre el tráfico y las previsiones de ingresos. El capítulo se cierra con un examen de las principales variables del modelo y con un resumen del proceso de modelización de transporte en su totalidad.

El capítulo 3 se centra en la previsión del riesgo de tráfico. Se realiza en forma de reseña literaria un enfoque basado en las evidencias científicas. A continuación se realiza un examen de algunas de las fuentes más comunes de error en la modelización y, por tanto, de las previsiones. El capítulo concluye con una descripción del cómo se puede incorporar la incertidumbre en el propio proceso de previsión.

Por último, el capítulo 4 revisa los detalles de la modelización del transporte y examina la exactitud de la predicción para sugerir enfoques alternativos para el análisis de las previsiones de tráfico. A esto le siguen las observaciones acerca de las mejores prácticas, analizando el formato y el contenido de informes de previsiones de tráfico e ingresos. Esto responde al hecho de que, en algunos casos, parece haber un limitado conocimiento sobre dónde centraran su atención los inversores. Se describen las formas en que las previsiones pueden ser infladas, de manera que los analistas puedan estar atentos ante este tipo de trucos y, como conclusión, se presenta una lista de aspectos clave para incitar a los analistas a examinar y comprender las cuestiones de interés fundamental para cualquier estudio de tráfico e ingresos en una carretera de peaje.

Un glosario y cuatro apéndices completan esta guía. El glosario se centra en términos técnicos que se encuentran en estudios de tráfico de carreteras de peaje. El apéndice A contiene una lista de comprobación exhaustiva para la evaluación de las posibles exposiciones al riesgo de previsión en proyectos de carreteras de peaje: El Catálogo de Riesgos del Tráfico desarrollado por Standard & Poor's. Dos ejemplos sobre cómo tratar el Catálogo de Riesgo —que ilustran enfoques alternativos— se presentan en los apéndices B y C. El apéndice D presenta una tabla de contenidos recomendados para estudios de tráfico y los ingresos destinados específicamente a un inversor público.

VISIÓN GENERAL SOBRE LOS RIESGOS EN PROYECTOS DE CARRETERAS DE PEAJE

Riesgos de proyecto y su localización

Las concesiones de carreteras de peaje comparten muchas de las características de riesgo asociadas a otros proyectos de infraestructura con financiación privada. Los riesgos previos a la construcción incluyen concretar planes de obras, permisos, licencias, riesgos relacionados con el medioambiente (por ejemplo, obtener la aprobación de la Evaluación de Impacto Ambiental), y los riesgos asociados con el diseño de las instalaciones. El riesgo de construcción es uno de los mayores, si no el mayor, riesgo asociado a cualquier nuevo proyecto. Los riesgos inmediatamente posteriores a la construcción incluyen las pruebas anteriores a la entrada en servicio del proyecto.

En la fase de operación de los proyectos de carreteras de peaje, los riesgos incluyen los derivados de rutas alternativas y, posiblemente, también otros modos, sistemas de peaje/tecnologías y, por supuesto, el riesgo de la demanda de tráfico. Además, hay riesgos asociados con las responsabilidades de operación y mantenimiento, y con la exigencia de devolución de la infraestructura al sector público al final del plazo de concesión. Sumado a los señalados anteriormente están los habituales: políticos, jurídicos, normativos, económicos, de fuerza mayor y los riesgos de financiación que afectan en mayor o menor medida a cada infraestructura con financiación privada. Una típica matriz detallada de asignación de riesgos se presenta en la Tabla 1.1.

TABLA 1.1: MATRIZ TÍPICA DE ASIGNACIÓN DE RIESGOS EN CONCESIONES DE CARRETERAS DE PEAJE[1]

Categoría de riesgo	Localización del riesgo	
	Sector Público	Sector Privado
Riesgos del proyecto		
Planificación. Permisos	✓	
Medioambiente	✓	
Condiciones geotécnicas		✓
Restos fósiles y arqueológicos	✓	
Protestas		✓
Defectos latentes		✓
Diseño		✓
Construcción		✓
Puesta en marcha		✓
Riesgos de ingresos		
Volumen de tráfico		✓
Sistema de cobro		✓
Rutas alternativas	✓	✓
Riesgo legislativo	✓	✓
Riesgos de fuerza mayor		✓
Riesgos de operación y mantenimiento		
Mantenimiento y durabilidad		✓
Tecnología obsoleta		✓
Devolución de la instalación		✓
Riesgos financieros		
Disponibilidad de fondos	✓	
Riesgos de financiación		✓
Obtención de refinanciación	✓	✓
Tasas de intereses/cambio		✓

---

[1] Esta matriz de riesgos está incompleta y sólo se ofrece como ejemplo. Nótese que algunos riesgos deben ser compartidos por el sector público y el privado. La asignación de riesgos varía y debe ser entendida según las bases de cada proyecto.

En la mayoría de concesiones de carreteras de peaje, gran parte de los riesgos del proyecto se transfieren al sector privado. En el Reino Unido, el sector público asume muy pocos riesgos en sus concesiones de carreteras, los cuales quedan claramente especificados en los contratos. Todos los demás riesgos se suponen bajo responsabilidad del sector privado. Los riesgos que asume la UK Highways Agency son:

- Expropiaciones.
- Cambios en los requerimientos (por parte de la propia UK Highways Agency).
- Restos arqueológicos imprevistos.
- Compensación para el concesionario, en caso de que la Agencia Estatal de Autopistas imponga peajes de pago al usuario en lugar de peajes en sombra (descritos posteriormente).

Echando un vistazo a las matrices de asignación de riesgos de una serie de proyectos, rápidamente se hace evidente que el principal rasgo distintivo de la mayoría de los proyectos de carreteras de peaje (en comparación con obras de infraestructura basadas en la colaboración público y privada) es que se expone a los inversores a los riesgos de demanda[2] (o tráfico).

Riesgo de Tráfico

Antes de examinar el riesgo de tráfico en cualquiera de las formas que se presente, debe quedar claro que, desde una perspectiva de crédito, es el prestamista el que está expuesto al riesgo de obtención de ingresos, que es el tema central, no al riesgo de tráfico en sí mismo. Los dos riesgos pueden estar vinculados —y comúnmente así es—. Sin embargo, hay un número cada vez mayor de proyectos basados en carreteras que se están desarrollando en el mundo donde se hacen pagos a los concesionarios del sector privado, independientemente de la utilización de los activos. Esto no quiere decir que los analistas encargados de la revisión de tales proyectos no deben tener interés en

---

[2] Otros proyectos de transporte también pueden exponer a los inversores a riesgos relacionados con la demanda. Muchos de los consejos recogidos en esta guía son igualmente aplicables en estas circunstancias.

las previsiones de tráfico. Las predicciones de los futuros volúmenes de tráfico, en particular para los vehículos pesados, se utilizan para gastos de mantenimiento de perfiles, por ejemplo. Sin embargo, el punto de partida del análisis es la siguiente cuestión.

¿Hasta dónde están expuestos los inversores al riesgo de ingresos generados por la demanda?

Los proyectos de carreteras de peaje presentan un número cada vez mayor de variaciones. En un extremo del espectro está la construcción basada en la disponibilidad mencionada anteriormente, en cuyo caso los analistas pueden moverse rápidamente a través de la mayoría de las cuestiones relacionadas con el tráfico. En el otro extremo del espectro está la carretera de peaje convencional en la que los inversores se exponen plenamente y sin trabas al tráfico, y por tanto, al riesgo. Entre ambos se encuentran una variedad de modelos diseñados para mitigar y compartir el riesgo del tráfico: proyectos de peajes pagados por el usuario con garantías de demanda o ingresos mínimos, con mecanismo de reequilibrio financiero[3], con devolución de la infraestructura condicionada por un rendimiento mínimo y proyectos de autopistas de peaje en la sombra. Las garantías de ingresos mínimos suelen estar dimensionadas para cubrir la deuda en su totalidad o en una parte sustancial de la misma. En cuyo caso el análisis debe centrarse en la garantía en sí misma, en el que la avala, y en la distancia entre la garantía y las obligaciones de deuda, así como en el papel de los ingresos de peaje en la reducción de esa distancia.

Detrás de un acuerdo de concesión de peaje en la sombra, el concesionario recuperará su inversión en función del tráfico, sin embargo, los pagos los efectuarán la agencia concedente del sector público, no los usuarios de la carretera[4]. No se impone un cargo según el uso y, por tanto, no es necesario calcular la «voluntad de pago» (de la que se hablará más adelante). Los conductores utilizan la carretera como cualquier otra y, a menudo, ajenos a que ha sido financiada por

---

[3] Tales mecanismos restablecen el balance económico de un proyecto si, por ejemplo, la tasa interna de retorno del proyecto cae por debajo de un límite predeterminado.

[4] En algunos países los peajes en la sombra no son demasiado populares. Los inversores prefieren tener como pagadores a los usuarios que a un departamento gubernamental.

parte del sector privado. El hecho de que los pagos se basen en el tráfico, significa que —al igual que en otras carreteras de peaje pagadas por el usuario— los inversores están expuestos al riesgo de ingresos por demanda. De ahí que las previsiones de tráfico y la interpretación de las mismas sigan siendo importantes consideraciones analíticas.

Detrás de un sistema de peaje en la sombra los analistas tienen que considerar también el plan de tarifas. Se puede copiar el tipo de estructura de tarifas de las carreteras en las que el usuario paga el peaje, diferenciando por tipo de vehículo. Sin embargo, una serie de carreteras de peaje en la sombra —en España, Portugal y el Reino Unido, por ejemplo— incorporan además un sistema de intervalos de pago como se indica en la Tabla 1.2.

TABLA 1.2: INTERVALOS DE PAGO EN PEAJES DE PAGO EN EL REINO UNIDO[5]

Intervalo de tráfico	Tamaño del intervalo (millón de vehículos kilómetro/año)	Peaje en sombra (por vehículo kilómetro)
Intervalo I	0 – 70	9p
Intervalo II	71 – 100	6p
Intervalo III	101 – 130	3p
Intervalo IV	mayor de 130	0p

Los intervalos de pago en peajes en la sombra descritos anteriormente tienen la capacidad de hacer compartir el riesgo de ingresos de tráfico entre el sector público y el privado. En la mayoría de los casos, las definiciones del intervalo son especificadas por los ofertantes. El intervalo I se utiliza comúnmente para cubrir el servicio de la deuda prioritaria y los costes fijos de operación y mantenimiento

---

[5] El ejemplo muestra que las tarifas en cada franja de pago de peaje en la sombra disminuyen según aumenta el uso de la carretera. El concesionario recibe la mayoría de sus pagos basados en el nivel más bajo de tráfico (sobre el que se tiene una mayor certeza). De este modo, una parte del riesgo de ingresos es compartida con la agencia promotora. Aunque no es usual, hay algunos mecanismos de pago de peajes en la sombra que funcionan en el otro sentido, es decir, recompensando al concesionario por los volúmenes de tráfico más elevados. Esto agrava el riesgo de ingresos asumido por los inversores.

(O & M). Esto atrae una mayor tarifa por vehículo/kilómetro (o milla), pudiendo estar vinculado a los volúmenes de tráfico existentes (lo que permite cancelar la deuda prioritaria, incluso en un escenario conservador sin considerar el crecimiento). Los siguientes intervalos llevan consigo tasas inferiores a las del intervalo I. El intervalo II está dimensionado para cubrir los costes variables de O & M y cualquier sub-deuda. El intervalo III se puede utilizar para distribuir dinero en efectivo, en partes iguales, a través de dividendos y de «cuasi-capital» (préstamo del promotor) de servicios de deuda. Cualquier tráfico del intervalo IV no genera ingresos adiciónales para el concesionario, ya que supone el tope de las obligaciones de la agencia estatal con el concesionario.

El mecanismo de pago en intervalos de peajes en la sombra expuesto anteriormente pone de relieve la importancia de la comprensión, no solamente de los riesgos de tráfico, sino del vínculo fundamental entre el tráfico y los ingresos en carreteras peaje. De tal manera que la exposición del inversor al riesgo de ingresos pueda ser evaluada. El vínculo entre el tráfico y los ingresos se examinará más adelante en el contexto de los peajes pagados por el usuario: el modelo dominante de autopistas financiadas por el ámbito privado en todo el mundo y el foco del resto de esta guía.

Análisis del Riesgo Crediticio

Antes de sumergirse en el tráfico, los peajes y las previsiones de ingresos, merece la pena revisar algunos de los fundamentos del crédito. Partiendo de la evaluación de calidad del crédito, la exposición al riesgo de los ingresos es, sin duda, muy importante, aunque hay que establecerla dentro de un contexto más amplio. Los proyectos de peaje con una inversión muy ajustada pueden experimentar apuros financieros por muchas razones, no sólo debido al desarrollo de la operación: problemas relacionados con disponibilidad de suelo, oposición pública, insolvencia de contratistas y/o subcontratistas, elección de tecnologías y materiales inadecuados, expropiaciones forzosas, interpretaciones erróneas de contratos y cambios en leyes a posteriori causaron problemas en el pasado. Quedando todas ellas fuera de los modelos financieros. Muy a menudo, únicamente se tiene en cuenta el proceso de operación a la hora de evaluar y mitigar los riesgos de la inversión.

Tómese ahora una medida de fortaleza financiera de crédito, por ejemplo, el Ratio de Cobertura del Servicio de Deuda (RCSD)[6]. Dos proyectos de carreteras de peaje pueden compartir el mismo RCSD (mínimo y promedio), pero pueden reaccionar de manera muy diferente a pruebas de sensibilidad, siendo uno muy sensible a las tensiones y los *shocks*, mientras que el otro permanece elástico y se recupera fácil y rápidamente. La evaluación de la calidad del crédito debe reflejar esta diferencia. Del mismo modo, dos proyectos con RCSD muy diferentes pueden considerarse como equivalentes partiendo de la calidad crediticia, gracias a resultados similares en el test de sensibilidad (y/u otras características de las transacciones que equilibran la balanza hacia uno u otro lado). Estos tests de sensibilidad se estudiarán más adelante con mayor detalle.

Medidas de crédito tales como los ratios financieros no pueden considerarse de forma aislada. La fortaleza financiera de un proyecto, tanto si deriva de las tarifas de los usuarios o no, ha de ser evaluada en el contexto de las provisiones estructurales de la transacción, de las disposiciones contractuales y de las protecciones para los inversores. Por esta razón, y las mencionadas anteriormente, existen algunas simples «reglas de oro» cuando se trata de evaluar la calidad crediticia de las carreteras de peaje. No existe ningún ratio de cobertura mágico que defina el grado de inversión de una carretera de peaje, un puente o un túnel. Los analistas de crédito tienen que comprender que, tanto las cuestiones relacionadas con el tráfico e ingresos de cada proyecto, como una apreciación general de la modelización de flujos de tráfico (tema central del próximo capítulo) son una herramienta poderosa en este sentido.

---

[6] El RCSD es el ratio de liquidez del principal y obligaciones de interés. Este ratio debería excluir los balances de liquidez que el proyecto conlleve partiendo de deuda, como los fondos de reserva.

2. MODELOS Y PREVISIONES DE TRÁFICO

INTRODUCCIÓN

Los modelos de tráfico se establecen gracias a ecuaciones matemáticas diseñadas para reflejar cómo las personas toman decisiones sobre los viajes que van a efectuar. El primero fue desarrollado en 1950, volviéndose más sofisticados a lo largo de los años. Sin embargo, como la mayoría de los modelos, continúan siendo representaciones simplificadas de sistemas mucho más complejos. Las decisiones sobre los viajes están influenciadas por múltiples factores como características personales, circunstancias familiares y elecciones sobre el acto de viajar en sí mismo: dónde viajar, con qué propósito, cuándo viajar y cómo. Los modelos de tráfico intentan representar estas decisiones a través de relaciones matemáticas ideadas a partir de suposiciones sobre el comportamiento humano y se alimentan de datos de fuentes existentes y/o de nuevos servicios.

Los modelos de tráfico se presentan de diferentes formas. No hay un proceso establecido, ni consenso alguno para determinar qué tipo de modelo debería ser utilizado según qué circunstancias, sino el simple hecho de que debe ajustarse al propósito.

El rango de modelos va desde los realizados a partir de hojas de cuestionarios hasta los que utilizan los especialistas, paquetes de *software off-the-shelf*[7], es decir, *software* de uso común. En la previsión de tráfico de carreteras de peaje, el uso de los modelos basados en hojas de cuestionarios hace que éstos tiendan a reducirse a modelos «boceto». Éstos son diseñados para proporcionar una ruda evaluación en la etapa temprana del diseño y para la preparación de previsiones a corto plazo de infraestructuras establecidas con buenos datos históricos. La mayoría de las previsiones de carreteras de peaje realizadas para el escrutinio de inversores internacionales resultan de

---

[7] Paquetes de *software* de uso común, como por ejemplo EMME/2, SATURN, CUBE, TransCAD y PTV Vision.

la aplicación de uno de los paquetes de *software* de modelos de transporte más importante del mercado actual.

A pesar de sus diferencias en lo relativo a los detalles y énfasis, la mayoría de los paquetes de modelos se basan en una metodología común usada para la previsión de viajes llamada procedimiento *four-stage* o cuatro etapas. Una completa descripción técnica del procedimiento cuatro etapas —la base teórica tradicional de los modelos de demanda— se puede encontrar más allá de las referencias de esta guía. Sin embargo, su aplicación en la previsión del tráfico de carreteras de peaje es tan extendida que merece ser mencionado aquí. Aunque sólo sea para presentar algunos conceptos y vocablos frecuentemente utilizados en los informes de tráfico e ingresos. Las cuatro etapas, partiendo de la simulación y del comportamiento en los viajes son, secuencialmente:

- Generación de viajes
- Distribución de viajes
- Elección de modo
- Asignación de viaje

La **Generación de viaje** responde a la pregunta: ¿Cuántos viajes se generan en un área de estudio? Una serie de ecuaciones o tasas de viajes se utilizan para estimar el número de viajes producidos y, de forma separada, atraídos hacia las diferentes zonas del área de estudio, basándose en los usos del suelo y en factores socio-demográficos como la residencia o el empleo.

La **Distribución de viajes** responde a la pregunta: ¿Qué destino tienen los viajes realizados? La distribución de viajes coteja todo el número de viajes, estimados anteriormente, creando viajes reales. Se presupone que la mayoría de los viajes producidos en una determinada área tendrán como destino las zonas más cercanas y accesibles; relativamente pocos viajes cubrirán grandes distancias desde los puntos de atracción. Imitando algún tipo de interacción gravitacional entre áreas. El modelo de gravedad es todavía una de las fórmulas de distribución de viajes más ampliamente utilizada y mencionada de forma habitual en los informes de tráfico. El modelo de gravedad sugiere que, en el caso de dos ciudades, el número de viajes entre ellas se incrementará a medida que crezca la población de una u otra. Sin embargo, cuanto más alejadas estén las dos ciudades (en tiempo, distancia y/o coste) menos movimientos habrá entre ellas. Los resultados tras la etapa de distribución son matrices de viajes (o tablas de viajes) que serán descritas posteriormente.

El **Modo de viaje** responde a la pregunta: ¿Qué modo de transporte utilizan los viajeros? Las personas que viajan diariamente a sus lugares de trabajo, por ejemplo, elegirán el coche privado, de forma individual o compartida, vehículos de transporte discrecional o el transporte público, basándose en la disponibilidad y en el atractivo de cada una de las alternativas. En un típico estudio de carreteras de peaje, el modo de viaje tendrá una consideración menor. Hay relativamente pocos casos donde el transporte público actúe como una significativa amenaza competitiva frente a las carreteras de peaje. Por esta razón, muchos modelos de demanda de carreteras de peaje ignoran los servicios de transporte público por completo. Sin embargo, si existe una competencia modal, o si pudiera haberla en el futuro, como un nuevo ferrocarril o un servicio aéreo competente frente a carreteras de peaje de largo recorrido, el modo de viaje adquiere una importante consideración.

La **Asignación de viaje** responde a la pregunta: ¿Qué ruta se toma para cada viaje? Este punto es muy importante, si no es el punto crítico, en la previsión de carreteras de peaje. La asignación de viajes determina la elección de la ruta; el camino que el viajero toma a través del sistema de carreteras (red) para alcanzar su destino deseado. Se supone que la mayoría de los caminos deseables a través de la red minimizan el tiempo y la distancia o el coste para el viajero. Estos caminos tienen en cuenta, en su totalidad, las características de las autopistas así como su capacidad de conexión. Cuando el modelo de tráfico está en funcionamiento, algunos caminos se vuelven muy atractivos y se crea congestión. La obtención del resultado es lenta, las situaciones de congestión en el viaje se incorporan en la etapa de distribución de viajes del modelo de simulación a través de una serie de iteraciones. De tal forma que el tráfico se vuelva más disperso de una manera más realista a través de toda la red de autopistas modelizadas. Esto se conoce como punto de equilibrio; equilibrio que se alcanza cuando ningún conductor pueda mejorar su elección de ruta.

PREVISIONES DE TRÁFICO: LA PERSPECTIVA DE LOS USUARIOS.

Afortunadamente, pocos analistas de crédito estarán expuestos al tradicional proceso de modelización de transporte de las cuatro etapas. De hecho, muchos de los que realizan las previsiones tienen sólo una vaga comprensión de las funciones del *software* de modelización de su «caja negra». Sin embargo, los conceptos clave y el lenguaje asociado encuentran su expresión en los estudios de tráfico de carreteras de peaje y en los informes de ingresos. De ahí la introducción a este capítulo. La siguiente sección es un paso atrás en el marco teórico para considerar la modelización de tráfico según la perspectiva de los usuarios. En este contexto, es práctico pensar en los modelos de previsión de tráfico como un intento de reproducir y representar la «economía» del viaje en el área que está siendo estudiada. Esta economía se compone de oferta y demanda, cada una de ellas será presentada más abajo.

La economía del viaje desde el lado de la oferta

La oferta en la economía del viaje refleja la configuración de la red de transportes. En el caso de las carreteras de peaje, está constituida principalmente por la infraestructura de las autopistas (carreteras con diferentes características y tipos de intersecciones). El modelo de tráfico trata la red de carreteras como una serie de uniones o conductos; algunos de alta velocidad y gran flujo (como las autopistas exprés de muchos carriles) mientras que otros tienen una sección menor, como las calles residenciales, de menor capacidad, ver Figura 2.1. El uso de la analogía de una tubería es apropiado, ya que algunos de los modelos de funcionamiento en la red, en realidad, derivan de la mecánica de los fluidos[8].

---

[8]Sin embargo, al contrario que el comportamiento de los desplazamientos, el flujo del agua en una tubería sigue una simple ecuación, conocida como (flujo = área interior * velocidad) por lo tanto puede ser computado con exactitud.

FIGURA 2.1 CARRETERAS CODIFICADAS COMO UNA SERIE DE ENLACES

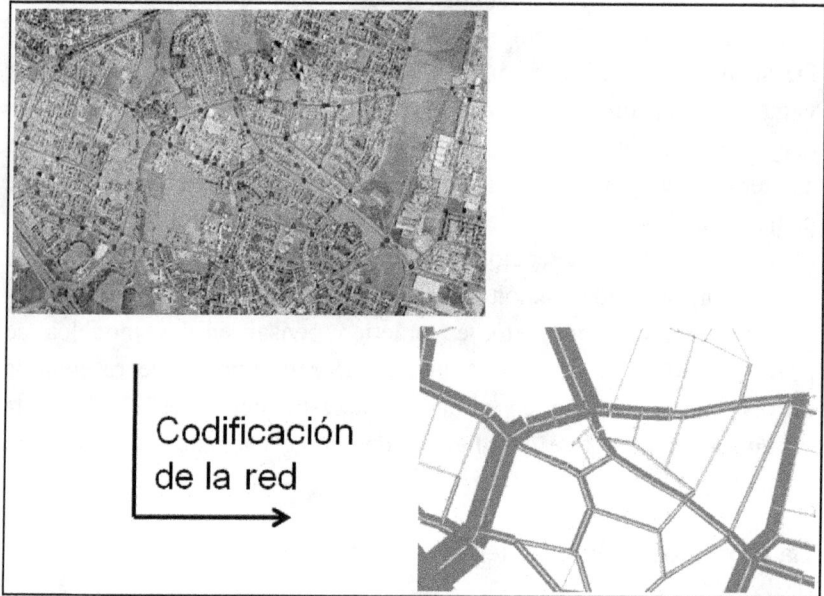

Codificación
de la red

No se trata de codificar cada carretera en la red, sólo las más importantes

Las intersecciones podrían ser modeladas explícitamente y, a veces, a un nivel de detalle considerable, reflejando su diseño geométrico o la duración en verde de un conjunto de semáforos. Las intersecciones se designan a menudo como «nodos».

Alternativamente, las características de las intersecciones se pueden representar en menor detalle. El retraso que supone una intersección a los conductores podría reflejarse en las características de los tramos que alimenta, por ejemplo.

La selección por parte del especialista en el modelo del nivel de detalle para describir (codificar) una red de autopistas vendrá determinada por muchos factores, siendo no menos importante el nivel de detalle requerido en las salidas del modelo. La disponibilidad de datos, duración de trayectos y el nivel de recursos disponibles incorporan, por lo general, limitaciones prácticas al nivel de detalle del modelo. El lenguaje usado en los estudios de tráfico e ingresos da una idea general. De un «modelo de simulación» se espera encontrar el máximo detalle del espectro, mientras que un «modelo estratégico» sugiere el uso de una aproximación más general. Una vez más, no hay un método correcto o incorrecto, sólo herramientas que se ajustan al propósito que se busca. Sin embargo, es importante saber que no hay pruebas que sugieran que el mayor detalle al modelizar o el esfuerzo sistemático mejoran la exactitud de predicción.

Partiendo de representaciones de la oferta (red), los encargados de realizar las previsiones de tráfico pueden tener que desarrollar un número de diferentes redes que reflejen los futuros desarrollos de autopistas, carreteras, nuevas intersecciones, etc. Lo que introduce una fuente potencial de error en el modelo si, además, el incremento real de las autopistas proviene de las expectativas del modelo anterior. En particular, si estas mejoras en carreteras complementan a una de peaje o compiten con ella.

Con frecuencia, la modelización del tráfico es definida en parte como ciencia y en parte como arte. Modelizar la oferta del año base —representación de la red de carreteras hoy en día— es la parte científica. Es usual hacerlo con, literalmente, precisión militar usando datos de los mapas de satélites GPS. Este nivel de precisión no se extiende a la representación de la economía del viaje desde el lado de la demanda, aunque es el que expone al analista de crédito a la parte más «artística» de la modelización del tráfico.

La Economía del Viaje desde el lado de la Demanda

Los modelos de tráfico no intentan simular el comportamiento de los viajeros en cada momento del día o de la semana. Se centran en los periodos más concurridos y/o momentos del día que reflejan un importante y característico perfil del viajero. El periodo de tiempo más comúnmente modelizado es la hora punta de la mañana de un día de diario, desde las 6 hasta las 9 de la mañana; o una media horaria en ese periodo. Esta franja de tiempo puede ser complementada por otros modelos para la hora punta de la tarde de un día de diario, quizás una hora media entre las 4 y las 9 de la tarde, y para el periodo valle que existe entre ellos. Si es importante, el periodo del fin de semana podría ser también modelizado. Estas elecciones dependen del analista de tráfico y la decisión debería estar basada en la naturaleza del mercado en estudio. Sin embargo, estimar satisfactoriamente los modelos para periodos valle y de fin de semana supone un reto para los que realizan los modelos de tráfico. Por esta única razón, la mayoría de los estudios de tráfico desestiman, de alguna forma, la importancia de los periodos valle y de fin de semana y se centran exclusivamente en los de hora punta.

Los periodos de tiempo que se modelizan, son, efectivamente, muestras. Cuanto menor es el número de periodos, menor es la muestra y por tanto se necesita mayor confianza en ciertos factores para expandir la muestra de datos y así reflejar el comportamiento de los viajes diarios o anuales. Los factores de expansión son discutidos más tarde en este capítulo, en el contexto de la relación entre las previsiones de ingresos y tráfico, ya que las previsiones de ingresos son requeridas habitualmente en cifras anuales. Como mínimo, los encargados de realizar el modelo de tráfico deberían justificar su selección y definición de los periodos de tiempo que son modelizados en relación con las características de las carreteras de peaje y el mercado de viajes local.

Los modelos de tráfico no intentan representar el comportamiento del viajero de forma individual, sino que representa al viajero en general. El área de estudio está dividida en zonas[9] generalmente caracterizadas por tener un uso común del suelo por ejemplo, un distrito residencial o por contener una mayor atracción de tráfico, como las grandes superficies comerciales. Estas zonas son donde comienzan y acaban los viajes del modelo. Las zonas serán pequeñas en las proximidades de áreas de estudio de mayor importancia, permitiendo así un análisis detallado. Las zonas se vuelven más extensas a medida que nos alejamos del foco de estudio, donde se requiere menor detalle.

El uso del suelo y la información socio-demográfica se recoge para cada zona incluyendo población actual, suelo comercial, vehículos por habitante o número de empleos. A menudo, para facilitarlo, los límites de una zona de modelo de tráfico serán definidos para proporcionar un grado de compatibilidad con las áreas de censo. Dependiendo de la aplicación, los datos pueden ser utilizados en el modelo para diferentes propósitos como la obtención de estimaciones de viajes anuales del año base (o futuro). El punto clave es que la unidad espacial de análisis es la zona de transporte introducida en el modelo. Estas zonas están numeradas y esto permite que el

---

[9] Conocidas como «zonas de análisis de viajes» *(Travel Analysis Zones, TAZs)* en Estados Unidos.

comportamiento del viajero —tanto si es estimado por generación artificial (modelos de distribución) o revelado por observaciones y aforos— sea descrito partiendo de matrices de demanda, conocidas también como «tablas de viajes». La matriz de demanda para un modelo de tráfico de tres zonas se representa en la Figura *2.2*:

FIGURA 2.2: EJEMPLO DE MATRIZ DE DEMANDA

		Destino			
		1	2	3	Total
Origen	1	0	13	35	48
	2	4	0	0	4
	3	23	1	0	24
	Total	27	14	35	76

Los datos en la Figura *2.2* se interpretan de la siguiente forma:

- Se realizan 13 viajes de la Zona 1 a la Zona 2
- Se realizan 23 viajes de la Zona 3 a la Zona 1
- Ningún viaje de la Zona 2 a la Zona 3
- Un total de 24 viajes se han generado en la Zona 3 (total de la fila)
- Un total de 14 viajes han sido atraídos por la Zona 2 (total de la columna)
- El número total de viajes recogidos es 76 (total de la matriz)

Nótese que la diagonal principal de la matriz de demanda está compuesta por ceros. Esto es común en los modelos de tráfico donde los movimientos cortos e intra-zonales (como por ejemplo de la Zona 1 a la Zona 1) no se tienen en cuenta. En los estudios de carreteras de peaje no suele ser un asunto importante puesto que las carreteras de peaje son raramente atractivas para los viajeros que realizan distancias cortas.

Las matrices de demanda representan los resultados de la etapa de distribución de viajes del modelo de transporte de cuatro etapas. Éstos también pueden ser recopilados gracias a los datos determinados por aforos o mediciones. En las estaciones de sondeo (*Roadside Interview, RSI*), por ejemplo, se para a una muestra de conductores y se les pregunta, entre otras cosas, desde dónde y hacia dónde viajan. Esta información de origen y destino se codifica según su respectiva zona y se amplían los datos de la muestra para representar a todos los conductores que pasan por el punto de sondeo (muchos de los cuales, si no la mayoría, no habrán sido preguntados). Esto introduce un posible error de muestra. Además, las RSI sólo se colocan en localizaciones seleccionadas, (*a*) introduciendo así otra fuente potencial de error y (*b*) además algunos movimientos de zona a zona, comúnmente la mayoría, sólo serán registrados parcialmente o simplemente no registrados. En la Figura *2.2* no se ha recogido ningún viaje de la Zona 2 a la Zona 3. Puede ser porque no se realizara ninguno o porque no se vio a nadie realizando el viaje. El analista no puede saberlo.

Se emplean otras técnicas de sondeo para construir las matrices de demanda. Entrevistar a la gente en sus casas con entrevistas a domicilio o se les puede pedir que guarden un diario de viajes. Ambas técnicas, igual que otras, recogen información sobre el origen y el destino de los viajes que, más tarde, puede ser codificada según sus distintas zonas. Estas técnicas de sondeo se basan en la recogida de muestras y, desgraciadamente, el tamaño de las muestras utilizadas en los estudios de tráfico tiende a ser demasiado pequeño.

En la práctica, la elaboración de matrices de demanda utilizadas en la mayoría de estudios de carreteras de peaje rara vez se basa en las relaciones de generación/distribución de viajes estimadas directamente por nuevos estudios de demanda. En muchas partes del mundo, algunos patrones de modelo de tráfico ya existen y algunas matrices de demanda ya se han recogido. Por lo que, para los que realizan las previsiones de tráfico, tomar estas matrices existentes y trabajar sobre ellas es lo más común, usando así información actualizada o proporcionando mayor nivel de detalle de las áreas de mayor interés.

Relación entre Oferta y Demanda

Las zonas del modelo de transporte se unen a la red de autopistas mediante enlaces conocidos como conectores de centroides. Estos conectores permiten al tráfico entrar o salir de la red y siguen, normalmente, el modelo de calles locales, como la entrada principal a un barrio residencial.

El proceso de cálculo de rutas de tráfico de una zona a otra a través de una red se denomina asignación. Ciertas reglas matemáticas gobiernan la asignación, aunque el principio general es que los conductores tomarán la ruta más barata, el trayecto de menor coste, para viajar de su zona de origen a su destino. Es importante resaltar que, en este contexto, «coste» está referido a la combinación de tiempo y el coste monetario. Se le asigna, de este modo, un coste generalizado.

Considere el siguiente ejemplo:

- Coste generalizado (CG) = α (tiempo) + β (peaje)
- El valor del ahorro[10] de tiempo es 8c/minuto
- El peaje es 1€

- El tiempo de viaje invertido utilizando carretera de peaje es 10 m
- El tiempo de viaje invertido utilizando carretera libre de peaje es 30 m

- Por lo tanto, el coste generalizado de utilizar la carretera libre de peaje es:
- CG (libre) = (30 * 8c) + 0€ = 2,40 €

- ...Y el coste generalizado de utilizar la carretera de peaje es:
- CG (peaje) = (10 * 8c) + 1€ = 1,80 €

Ya que la carretera de peaje es más barata partiendo del coste generalizado, el modelo asume que los conductores la utilizarán en lugar de la carretera libre de peaje. La carretera de peaje ofrece ahorro de tiempo y, en algunos casos, los conductores están dispuestos a

---

[10] El valor del ahorro del tiempo es el valor monetario asignado al tiempo ahorrado por los usuarios del sistema de transporte. Es un concepto clave en el pronóstico de las carreteras de peaje.

pagar por ello, de ahí su uso. Este simple concepto es la razón de ser de los modelos de previsión de tráfico en carreteras de peaje.

Ya se ha comentado que la asignación de tráfico es un proceso iterativo que tiene en cuenta los niveles de congestión en la red. La relación Velocidad/Flujo determina las velocidades que se obtienen para cada nivel de flujo (volumen de tráfico). Cuanto más tráfico intenta usar un enlace con bajo coste generalizado (el trayecto más rápido), más se deteriora la velocidad y se incrementa el tiempo de viaje hasta un punto donde el nexo deja de ser el trayecto más barato y el tráfico comienza a buscar rutas alternativas de bajo coste. El proceso de iteración continúa hasta que el tráfico se haya extendido a todos los enlaces relevantes. En lenguaje técnico, el modelo converge a un estado de equilibrio constante.

Existen varias formas de representar una carretera de peaje en un modelo de red. Puede ser codificada como un tramo con un coste adicional que refleje la tarifa del peaje. Este «coste» se traduce como penalización de tiempo, y esta penalización es tenida en cuenta por el modelo durante la fase de asignación del tráfico, es decir, en el momento de establecer qué viajeros utilizan carreteras de peaje y cuáles no. El simple atractivo de una vía es degradada, esto es, los viajeros utilizarán las carreteras de peaje sólo si el ahorro de tiempo compensa el coste adicional.

Un enfoque adicional emplea el «modelo *logit*»[11], esto es, un modelo binario utilizado para predecir qué proporción del tráfico usará carreteras de peaje basándose en sus características competitivas. Se entiende por características competitivas, el coste y el tiempo que implica viajar por una carretera de peaje en relación con el tiempo y el coste que implica hacerlo por una carretera alternativa, libre de peaje. Otras preferencias o tendencias que influyen en la elección de la ruta por el conductor pueden ser también incorporadas en los modelos «*logit*» si se espera que tengan un impacto en la elección de ruta. Como puede ser la aversión al tráfico muy denso o a un número elevado de camiones.

Los encargados de realizar las previsiones de tráfico pueden estimar y utilizar varios modelos «*logit*» para distinguir entre tipos de viajeros (segmentos de mercado), con diferentes características o para

---

[11] Los informes de tráfico se refieren a los modelos *logit* como modelos de desvío o como curvas de probabilidad de elección.

diferenciar los distintos propósitos del viaje (motivos de viaje). La Figura 2.3 muestra la curva[12] característica «S» asociada al modelo «*logit*». En este ejemplo simplificado, el eje horizontal refleja las diferencias en tiempos de recorrido en distintos momentos del viaje entre la carretera de peaje y la alternativa gratuita. Vista esta diferencia, el eje vertical indica qué proporción de tráfico utilizaría la carretera de peaje.

FIGURA 2.3: EJEMPLO DE MODELO *LOGIT* DE ELECCIÓN DE RUTA

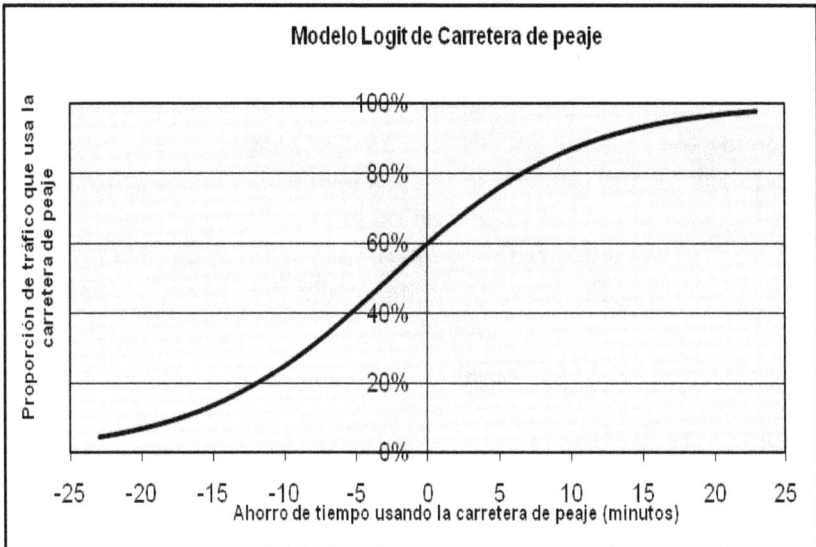

Modelo Logit de Carretera de peaje

La Figura *2.3* nos muestra que cuando la duración del viaje en una carretera de peaje se iguala al de la carretera gratuita —cuando la diferencia entre ellas es cero— el tráfico no se reparte de igual manera entre ambas alternativas. La carretera de peaje tiene un mayor porcentaje de preferencia (60%). Esto puede no parecer intuitivo en el contexto simplificado del tiempo de viaje, sin embargo, es indicado a menudo en el amplio contexto de costes generalizados. Es una característica de la mayoría de los estudios de previsiones de tráfico y refleja las tendencias de preferencia por viajar por carreteras de peaje. Para referirse a esta característica se emplea el término «prima» o «*bonus*» de uso de la carretera de peaje, el cual se discutirá más tarde en esta guía.

---

[12] El nombre técnico para esta curva «S» es el de «frontera de elección».

Los modelos «*logit*» son estimados a partir de datos de encuestas de preferencias declaradas. Una de las técnicas de estudio más importante empleada por los encargados de realizar las previsiones de tráfico y a las que se referirá más tarde esta guía.

AFOROS DE TRÁFICO Y ENCUESTAS A CONDUCTORES

Los encargados de realizar las previsiones de tráfico tienen una amplia gama de técnicas de estudio a su disposición para proporcionar una vista general de las características de los viajes locales y sus patrones. Antes de definir el programa de estudios, el encargado revisará las fuentes de datos de investigaciones previas o de aquellas que forman parte de cualquiera de los programas locales de encuestas y estadísticas. Estos estudios de inspección/medición resultan bastante caros, por lo que se han de utilizar de forma selectiva, para completar información desactualizada o adquirir mayor nivel de detalle en las carreteras de peaje que son objeto de estudio. Muchos de los enfoques comúnmente utilizados se recogen bajo la denominación de «aforos de tráfico» y «encuestas a conductores».

Sondeos de Tráfico

Entre los que se incluyen:

- **Conteos de tráfico automáticos (ATC *Automatic Traffic Counts*).** Se utilizan detectores que son instalados dentro o sobre el pavimento para contar automáticamente vehículos, o ejes de vehículos, que son posteriormente convertidos en vehículos equivalentes. Éstos proporcionan datos sobre los volúmenes de tráfico según dirección, horario, días a la semana, meses, etc.
- **Conteos de tráfico manuales.** Son realizados por aforadores, empleados que cuentan vehículos manualmente y, por lo tanto, son más costosos y menos flexibles que los ATC. Sin embargo, ofrecen datos que los ATC no pueden. Por ejemplo, el número de vehículos que giran en las intersecciones o el reparto de tráfico según tipología: motos, coches, autobuses, camiones, etc.

- **Estudios de la duración de un trayecto.** Se basan en un equipo instalado en ciertos vehículos que registra el tiempo necesario para viajar de un punto a otro a lo largo de una ruta específica. Normalmente, rutas que compiten con las carreteras de peaje a determinadas horas del día o en días particulares de la semana. Esto es comparado más tarde con los tiempos del modelo y así es posible calibrarlo para reflejar mejor las condiciones de viaje observadas.

- **Estudios de entrevistas a pie de carretera (RSI *Roadside interview surveys*).** Ya mencionados antes, estos estudios implican parar a una muestra de conductores o realizar las encuestas en lugares donde los conductores tienen que parar, como por ejemplo semáforos, y preguntarles sobre ellos y el viaje que están realizando. La información de origen y destino es recogida para ordenarla más tarde por zonas y crear la matriz o matrices de demanda. Puede recogerse información adicional acerca de la ocupación de los vehículos, frecuencia de los viajes, renta del conductor, etc. Una variación en este tipo de estudio es el envío postal, es decir, se entregan tarjetas que contienen las preguntas del estudio para que los conductores puedan completarlas en casa y enviarlas de vuelta al equipo de estudio.

- **Encuestas en hogares.** Son un método alternativo para recoger información del origen y destino de los viajes, además de otros datos del personal encuestado en su propia casa. Los diarios de viajes pueden ser usados para construir una imagen de los patrones de viajes que la gente realiza durante un periodo, por ejemplo, semanalmente.

Esta lista de estudios no es exhaustiva. Entre otros tipos de estudios se incluyen los de identificación de matrículas, grabaciones, entrevistas con subgrupos de conductores, por ejemplo camioneros, etc. Los programas de estudios deberían reflejar patrones particulares, y ser examinados por los encargados de realizar modelos, preguntándose también por la naturaleza de sus investigaciones. Como se indicó al principio, muchos tipos de estudio son difíciles de llevar a cabo y las limitaciones de coste normalmente dictan qué técnicas son usadas y cómo deben ser aplicadas, incluyendo la definición de los tamaños de las muestras.

Encuestas a Conductores

Dos técnicas de encuestas sobre el comportamiento de los conductores son comúnmente utilizadas para dar soporte al modelo de tráfico de carreteras de peaje. Se conocen como encuestas de preferencias reveladas y de preferencias declaradas. Las de preferencias reveladas simplemente observan lo que el usuario hace o cómo reacciona ante situaciones de elección. Situarse en la bifurcación de una carretera contando el número de vehículos que usan una carretera de peaje en lugar de la carretera gratuita alternativa sería un ejemplo de encuesta de preferencia revelada, aunque se requeriría más información en estas observaciones para poder usarse en modelos de previsión. Lo importante es la elección que los conductores observados hacen revelando así sus preferencias.

Las encuestas de preferencia reveladas son una fuente muy importante de información. Los encargados de elaborar el modelo no tienen que hacer suposiciones sobre cómo la gente reaccionaría en determinadas situaciones. Simplemente observan y aprenden. Pero, ¿qué pasa si la situación de elección no existe? ¿Cómo un modelo de demanda podría aprender sobre preferencias locales al usar una carretera de peaje en una región en la que no existen carreteras de peaje? ¿Cómo podría un modelo de demanda aprender sobre preferencias locales para adoptar y usar tecnologías de peaje electrónico cuando las existentes carreteras de peaje emplean cobro de peaje manual? Las técnicas de la encuesta de preferencias declaradas son ampliamente usadas en estas circunstancias.

En una encuesta de preferencias declaradas, se presenta a la gente unos escenarios de elección realistas e hipotéticos, y se les pregunta para fijar su preferencia. Un ejemplo muy simple se puede ver en la Figura 2.4:

FIGURA 2.4: TÍPICA ELECCIÓN DE PREFERENCIAS DECLARADAS

	Carretera gratuita	Carretera de peaje
Tiempo de trayecto	45 minutos	30 minutos
Coste (tarifa del peaje)	0 €	0,60 €

Si una persona elige la opción de la carretera de peaje, sugiere que merece la pena pagar 0,60 € para ahorrar 15 minutos en su trayecto. De aquí se deduce que la persona valora el ahorro de tiempo, en este contexto, a 4 cént./m (60/15) o más. Éste es el equivalente monetario que los viajeros asignan al ahorro de tiempo; siendo éste el producto clave para ofertar las carreteras de peaje. El valor o valores del ahorro de tiempo se usan en la etapa de asignación del trayecto del proceso de modelización para determinar la ruta elegida por el conductor, incluyendo si usan o no la carretera de peaje. Los diferentes valores del ahorro de tiempo se aplican a los diferentes segmentos del mercado y a los diferentes motivos de viaje. Una persona, con altos ingresos, que realiza el viaje al trabajo a diario valora más el ahorro de tiempo que otra persona que lo hace con fines recreativos. Los valores de ahorro de tiempo son un dato importante en la previsión, y serán usualmente estimados en los estudios de preferencias declaradas.

Los estudios de preferencias declaradas pueden ser diseñados basándose en la reacción de un grupo específico local. Los grupos específicos son usados para identificar las características de la carretera o tramos específicos que a los usuarios les gusta o no. A algunas personas podría no gustarle conducir en carreteras congestionadas, por ejemplo, o en aquellas con un mantenimiento pobre; y pagarían para evitar estas condiciones. Una preferencia declarada bien diseñada permite examinar, no sólo los costes frente a la elección de ahorro de tiempo, sino el valor monetario que la gente asigna a otras características de las carreteras de peaje. Esta información se utiliza para estimar los tipos de modelos de probabilidad de elección «*logit*» descritos anteriormente.

Sin embargo, en algunos casos es necesario tener cuidado con los resultados de las encuestas. Después de todo, revelan lo que la gente dice que elegiría, no necesariamente lo que ellos escogerían en la realidad cuando son los que tienen que «sufrir» sus elecciones con consecuencias reales. Además, las respuestas proporcionadas pueden estar condicionadas por el contexto en el que se encuentre el encuestado, por qué tipo de preguntas y cómo se le plantean. Un buen diseño de la encuesta llevado por expertos reducirá estos problemas.

Los métodos de las encuestas de preferencias declaradas probablemente obtienen sus mejores resultados cuando las características de una infraestructura de peaje pueden ser claramente definidas y articuladas. Es posible que sea necesario ocultar el objetivo preciso de la encuesta para evitar «sesgos políticos». Respuestas a las encuestas que indiquen preferencias políticas como, por ejemplo, reacciones negativas a la proposición de una nueva infraestructura de pago para cruzar un río, con la esperanza de que pueda utilizarse sin cargos para el usuario.

CALIBRADO Y VALIDACIÓN DEL MODELO DE AÑO BASE

Cuando los modelos de previsión son inicialmente diseñados, raramente reproducen con exactitud las condiciones de tráfico del año base. El flujo de tráfico en algunos tramos puede ser mayor o menor que las observaciones y por tanto, los tiempos de viaje modelizados pueden resultar erróneos. El proceso de calibrado de modelos se usa para dar mayor exactitud a los mismos. Se puede realizar de muchas maneras como, por ejemplo, mediante la modificación de la codificación de una red en relación con la configuración de las carreteras, ajustando las velocidades de cada tramo o revisando algunas de las hipótesis clave impuestas (resumidas más tarde). Se dice que el modelo de año base está «validado» cuando reproduce las condiciones de tráfico del año base satisfactoriamente. Frente a los criterios de actuación definidos como flujos en determinados tramos o en una línea de referencia o «*screenline*[13]», permaneciendo los valores obtenidos en un porcentaje +/-15% de los reales, o manteniendo los tiempos de viaje en +/-10% de los registrados.

Una herramienta particularmente poderosa usada para el calibrado de modelos de tráfico es la estimación de la Matriz de viajes. Una de las dificultades, a las que se enfrentan los encargados de los modelos de tráfico al intentar calibrarlos, es que la actuación del modelo puede ser producida no por un simple error de la oferta (codificando la red), sino por significantes deficiencias de la demanda (celdas en blanco en las matrices de la demanda). Éstas son difíciles de arreglar mientras no se conozca cuántos viajeros se desplazarían realmente entre todas las zonas del área estudiada, ¡y puede haber más de 1000 zonas!

---

[13] Un *screenline* es una línea imaginaria dibujada que cruza un número de autopistas paralelas representando un corredor de viaje (a menudo siguiendo una barrera física como un río) la cual es usada para analizar flujos agregados de un conjunto de zonas o sectores a otros.

Normalmente, sólo una pequeña proporción de las celdas en la matriz de demanda contiene información. Esto puede causar problemas, partiendo de la precisión, a la hora de reflejar las condiciones de tráfico y los niveles de congestión.

El proceso de estimación de la matriz toma una matriz existente (deficiente) —conocida como matriz previa— y usa las observaciones de tráfico recientes en los tramos de la red para ajustar la matriz. Esta técnica usa un potente método estadístico llamado valoración de máxima verosimilitud, para ajustar mejor la matriz a las cifras observadas. Básicamente, se obtiene la matriz de demanda que, no necesariamente pero muy probablemente, se crea a partir de los valores observados, y todo ello contando con la información disponible.

Puristas del modelo intentan no usar inmediatamente el proceso de estimación de la matriz. Aunque la matriz previa puede ser deficiente en algún(os) sentido(s). Suele haber sido construida a base de muchas observaciones en un periodo de tiempo largo. Estos datos de viajes son realmente efectuados por la gente, mientras que un uso exagerado del proceso de estimación de la matriz puede transformarla de una matriz de observación (eso sí, algo deficiente) a una sintética, que puede estar muy alejada de la realidad. El uso de este procedimiento de estimación también puede tener consecuencias negativas indirectas que producen distorsiones en la distribución de viajes, por lo que debe usarse con sumo cuidado. Es una técnica tan poderosa que, bajo ciertas circunstancias, puede llevar a que una matriz completamente equivocada refleje los valores de tráfico observados. Esto resulta excesivamente peligroso; los valores de tráfico parecen correctos y el modelo resulta calibrado, pero la matriz de demanda subyacente continua defectuosa. Esta matriz no constituye una plataforma robusta desde la que se podrán hacer previsiones exactas, pero nadie se percatará hasta que llegue el futuro.

El proceso de estimación de la matriz de demanda tiene un lugar legítimo, quizás necesario, en la caja de herramientas de los encargados de desarrollar modelos de tráfico. Pero los usuarios de estas previsiones deben saber que, aunque el modelo de año base funcione bien, no quiere decir que la matriz de demanda subyacente sea correcta. Los estudios sobre previsiones de tráfico en carreteras de peaje suelen poner mucho énfasis sobre la calibración del modelo de año base y en las encuestas y otras actividades que contribuyen a su formulación. Sin embargo, para los analistas de crédito esto no significa el final del proceso, sino el comienzo. Un buen modelo de año base es justo el trampolín desde donde debe comenzar el proceso de previsión del tráfico.

PREVISIONES DE TRÁFICO

Introducción

En la mayoría de estudios de tráfico e ingresos en carreteras de peaje encontrará un párrafo, al final del capítulo de calibrado del modelo, en el que se expone:

> *«Una vez calibrado el modelo de año base, éste representa una plataforma robusta desde donde se podrá preparar la previsión de tráfico de los años futuros.»*

Es fácil olvidar esta afirmación sin pensar realmente en su significado. Implica que el modelo de tráfico que recrea las condiciones de hoy (o aparenta hacerlo) será automáticamente válido pronosticando las condiciones de tráfico en el futuro. Esto sólo es cierto si las condiciones de mañana se asemejan a las de hoy. Un modelo de año base bien calibrado representará una aportación importante para el proceso de previsión, pero por sí solo no garantiza ni explica acontecimientos en el futuro.

Previsiones de Oferta

Hemos considerado cómo la representación de la oferta (la red codificada de autopistas) es rediseñada para representar el futuro. El desarrollo de grandes autopistas es incorporado en una serie de redes en el futuro. Todos los años no serán modelizados, solamente los años clave que coinciden con importantes desarrollos que entran en funcionamiento en el área de influencia. Existen dos posibilidades erróneas en esta fase. Los aumentos de demanda previstos en las autopistas pueden fallar durante su implementación, o el ritmo asociado puede no ser el esperado. No obstante, las previsiones de oferta suelen crear menos problemas que las previsiones asociadas a la demanda.

Previsiones de Demanda

Las previsiones de demanda son un arte, ¡casi magia negra! Se puede calcular el crecimiento en modelos de tráfico de varias maneras e, importante saberlo desde el principio, la mayoría de ellas son relativamente básicas.

Un enfoque fácil consiste en aplicar un factor único de crecimiento (por ejemplo 2% por año) sobre la matriz de viajes, extrapolando cada valor basado en el crecimiento del PIB previsto y la relación histórica entre crecimiento de tráfico y PIB. El uso de este enfoque básico suele estar limitado a las circunstancias en las que el analista de tráfico tiene datos socio-demográficos o de usos del suelo muy limitados, o donde no existen datos de este tipo.

Una técnica un poco más avanzada consiste en ajustar las filas y columnas de las matrices de demanda de acuerdo con el crecimiento previsto de variables como población o empleo en el área estudiada. Observando la Figura *2.2*, (pág. 20) el total de la fila de la matriz de demanda representa el total de viajes originados en una zona. El total de cada columna representa los viajes atraídos por una zona. Las previsiones de crecimiento de la población se usan normalmente para estimar cantidades de viajes generadas en una zona residencial en el futuro, mientras que las previsiones de crecimiento en el número de empleos se usan para estimar viajes atraídos por zonas comerciales de la ciudad. Existen varias publicaciones sobre este tema y se recomienda a los analistas consultar estudios específicos sobre tráfico (incluso consultar escritores) para un mejor entendimiento de este fenómeno. Muchos de los especialistas en modelos de carreteras centran su atención en hacer ajustes de los totales de filas y columnas en la matriz de demanda. Estos ajustes se basan en suposiciones sobre cómo cambiarán los viajes en las distintas zonas de acuerdo con el desarrollo de población o empleo. El enfoque usado para incorporar el crecimiento de demanda en la mayoría de las previsiones de carreteras de peaje es así de sencillo. Éste es, en la actualidad, el estado del arte. La ciencia aplicada a los modelos de tráfico ha sido desarrollada poco más y de esta manera se identifican algunas de las mayores limitaciones de los modelos de tráfico partiendo de la dependencia predictiva.

Una vez ajustados los totales de columnas y filas, los valores en cada posición no suman esos totales de columna y fila. Un proceso matemático iterativo llamado «*furnessing*»[14] se usa para hacer un re-balance de los valores de cada posición de la matriz, de zona a zona, para obtener nuevos totales. Este proceso va más allá del alcance de esta guía, pero el uso de esta técnica común supone una restricción a la hora de adaptar los modelos de tráfico al futuro. Esto se conoce como «restricción de la matriz fija» bien conocido en el mundo de los analistas de tráfico, pero muy poco en el mundo de fuera.

Cuando tiene lugar una mejora en una autopista, por ejemplo la construcción o extensión de un tramo de peaje, se producen varios cambios en los patrones de viaje. Uno de ellos es la reasignación. El tráfico de *A* a *B* se puede transferir a otra ruta, quizás a la carretera de peaje. Otra es la redistribución que implica un tráfico que cambia de destino en respuesta a las mejoras en la autopista[15]. La mayoría de modelos de previsión de carreteras de peaje tienen en cuenta las reasignaciones pero no la redistribución, lo que sin duda constituye una debilidad. Para una mejor comprensión, consideremos el siguiente ejemplo:

Ejemplo
Hoy viajo a *X* para trabajar, a *Y* para ir de compras y a *Z* para ocio y descanso. Una carretera de peaje nueva va a ser puesta en servicio en mi zona. El modelo tiene previsto que ahora podría usar la carretera de peaje para ir a *X*, *Y* o *Z* (dependiendo de su atracción relativa, discutido antes), pero no tiene en cuenta que, debido a que la carretera ahora presenta mayor accesibilidad, podría ir a también a *B* de compras, a *C* para descansar o incluso (pasado un tiempo) cambiar mi zona de trabajo a *A*.

Apartándonos de las suposiciones que presenta la matriz de viaje fijo, nos encontramos también con complicaciones técnicas. La mayoría de los encargados de las modelizaciones reconocen las restricciones y siguen con ellas. ¿Importa? A largo plazo, la respuesta sin duda es sí, pero muy poco se puede corregir en la práctica. De

---

[14] Este proceso también se conoce con el nombre de «Algoritmo Fratar».

[15] Reasignaciones y redistribuciones son sólo dos de los cambios de pautas que pueden ocurrir en los viajes. Otros serían viajes efectuados a horas diferentes del día, viajes efectuados en otros modos de transporte (autobús) y creación de viajes (liberación de demanda suprimida). Todos estos cambios, menos la redistribución, pueden ser incluidos bastante fácilmente en un modelo de tráfico.

todos modos, nos recuerda que los modelos de tráfico son versiones imperfectas y rudimentarias de la realidad y sus complejidades.

Habiendo ajustado los totales de filas y columnas de las matrices, los valores individuales de cada celda se reprocesan para dar valores nuevos, los cuales se sumaran para igualar los nuevos totales en columnas y filas. Ahora tenemos una matriz de demanda para el año futuro. Ésta se asigna a la red de autopistas prevista para esos años para proporcionar los flujos en cada tramo de la red. Incluyendo el flujo en nuestro tramo clave: la carretera de peaje.

Una cantidad determinada de años futuros será modelizado, quizás en intervalos de 5 ó 10 años, pero no todos, y pocas veces se suelen usar modelos para periodos superiores a 30 años. Se usará la interpolación para hallar previsiones de tráfico en años intermedios que no han sido modelizados; se podrá usar extrapolación, si se requiere, a partir del periodo previsto de 30 años. Esto nos acerca a otro tema importante para los analistas de crédito. Las previsiones de tráfico se centran en predecir tendencias estables a largo plazo. No tienen en cuenta las desviaciones típicas que ocurren año tras año y que pueden llegar a ser significativas. Estas estructuras transaccionales de inversiones pueden soportar fluctuaciones a corto plazo y desviaciones de lo previsto, a pesar de lo que diga el modelo de tráfico. Las estructuras transaccionales que dependen demasiado de previsiones de crecimiento de tráfico constante e ininterrumpido, ponen de manifiesto las limitaciones prácticas que tienen las previsiones de demanda en la actualidad.

PREVISIONES DE INGRESOS

Las previsiones de tráfico requieren modelizar una parte de un día laborable, normalmente, intervalos en hora punta. Los modelos de previsión, o más comúnmente, la(s) línea(s) de previsión en modelos detallados, suelen requerir aportes anuales o semi-anuales. Por tanto, el tráfico de hora punta tiene que ser convertido a equivalentes anuales (o semi-anuales) y los cobros agregados, generados por este tráfico deben calcularse. Este proceso de dos etapas no es tan fácil como puede parecer a primera vista, y cualquier persona que tome decisiones basadas en previsiones de ingresos de peaje debe comprenderlo claramente.

Los factores de expansión se usan para extrapolar el tráfico en hora punta a tráfico diario y después a cifra anuales. Estas estimaciones anuales son muy sensibles a los factores de expansión realmente usados. Ajustes relativamente pequeños y perfectamente comprensibles pueden tener un impacto enorme sobre cálculos de tráfico anual (también sobre ingresos generados). Es crucial para el analista de tráfico explicar y defender las suposiciones que hace sobre los coeficientes de expansión. Sin cálculos transparentes y sencillos, surgirán sospechas.

Otra complicación surge con los factores de expansión. ¿Deberían ser mantenidos como constantes durante el horizonte temporal en el que se encuadra la previsión? Obviamente, el aumento de volumen de tráfico en el pasado ha cambiado el comportamiento de los conductores. Para evitar atascos y congestiones, la gente sale a trabajar por la mañana mucho antes que hace diez o incluso cinco años. Esto se llama «difusión de hora punta», y no hay razón para sugerir que no continuará. De igual manera, la relación entre, por ejemplo, el tráfico en hora punta de la mañana y el total de la circulación diaria podrían cambiar en el futuro. Esta guía no es el ámbito para una discusión detallada sobre la difusión de hora punta. Sin embargo, las suposiciones utilizadas deben ser explícitas y deben estar justificadas en los informes de tráfico e ingresos.

Tratando ahora el tema de previsiones financieras, la relación entre la previsión de tráfico e ingresos en carreteras de peaje solía ser bastante sencilla:

Ingresos = tráfico * peaje

Donde el tráfico puede ser dividido según categorías de vehículo y peaje representa a las respectivas tarifas.

Se podrían hacer ajustes para tener en cuenta programas de descuento (propios a la instalación) y para cálculos de evasión de tarifas (fuga de ingresos). Sin embargo, las instalaciones de peaje modernas son cada vez más sofisticadas en sus tarifas gracias, principalmente, a la popularidad de la tecnología de Cobro Electrónico de Peaje (ETC en sus siglas en inglés). En un estudio reciente examinado por el autor, las tarifas se diferenciaban por clase de vehículo, por tramo de carretera, por sentido y por hora del día. Esto complica bastante la relación entre tráfico e ingresos. Se requieren previsiones de demanda tan desagregadas, en el caso citado, por clase de vehículo, por sección de la carretera, por sentido y por hora del día, para que los volúmenes puedan ser multiplicados por las tarifas correspondientes antes de ser consolidadas en una cifra de ingresos final, que esta situación se vuelve más problemática. En algunas partes del mundo, sobre todo en Estados Unidos, se están introduciendo precios variables; el precio de usar una carretera de peaje cambia dinámicamente de acuerdo con la cantidad de vehículos que la use. Estos desarrollos exigen que los asesores de tráfico expliquen en términos muy claros la(s) relación(es) entre tráfico y tarifas de peaje, y en qué basan sus previsiones de ingresos.

ENTRADAS CLAVE EN EL MODELO: RESUMEN

La mayoría de las variables que intervienen en el proceso de previsión de tráfico ya se han mencionado. Para recapitular, se han resumido en la siguiente lista de aspectos clave, con las preguntas que un asesor de tráfico debería haberse hecho.

- **Modelo de transporte**. ¿Qué paquete/enfoque de modelización se usa y por qué? ¿Cuántas zonas se usan y como están definidas? ¿Qué plazo de tiempo ha sido modelizado, por qué y cuáles son las limitaciones del enfoque adoptado? ¿Qué factores de expansión se usan para obtener valores anuales de viajes/ingresos, y cómo de sensibles son las previsiones al uso de factores alternativos y convincentes? ¿Cómo está representada la infraestructura de peaje en el modelo de tráfico? ¿Es un modelo solamente compuesto por carreteras, o es posible tener en cuenta competencia multimodal? ¿Se usan varias clases de vehículo en el modelo y, si este es el caso, cómo han sido definidos y por qué?
- **Red de transporte**. ¿A qué nivel de detalle se representa la red de carreteras y por qué? ¿Cuántas redes se definen en el futuro y en cuántos años? ¿En qué se diferencian estas redes? ¿Qué certeza existe del desarrollo de nuevas redes de carreteras, y la coordinación de las mismas? ¿Qué rutas alternativas son las que representan una mayor competencia?
- **Datos de previsión**. ¿Qué variables socio-demográficas o

territoriales se usan en el modelo y por qué? ¿Qué desarrollo ha sido asumido, es fijo o variable? ¿Qué fuentes de datos han sido usados y cómo son de creíbles y fiables?

- **Datos de encuestas.** ¿Qué tipo de aforos de tráfico se han llevado a cabo y por qué? ¿Dónde? ¿Cuándo? ¿Cuál es el tamaño de la muestra? ¿Qué nivel de confianza se aplica a los resultados? ¿Qué encuestas se han hecho a los conductores y por qué? ¿Se han calculado valoraciones de tiempo? ¿Cuáles son y qué nivel de confianza se les aplica? ¿Se asume que estos valores crecerán en el futuro? Si este es el caso, ¿cuánto y por qué?
- **Crecimiento del tráfico.** ¿Qué tasa de crecimiento ha sido asumida y por qué? ¿Cómo se ha incorporado el periodo de lanzamiento, «*ramp up*»[16], en el modelo de previsión? ¿Qué suposiciones se han hecho sobre el crecimiento y por qué? ¿Cómo de sensibles son las previsiones de ingresos a los cambios en las hipótesis de crecimiento, convincentes?

Cada una de estas variables, o grupo de variables, debe ser descrita en informes de tráfico e ingresos junto con (*a*) justificación de los valores adoptados, (*b*) una discusión sobre cómo se han usado, y (*c*) indicaciones de la sensibilidad apropiada y pruebas de punto de equilibrio que se tuvieron que realizar y sus resultados.

MODELOS DE TRÁFICO: CONSIDERACIONES FINALES

La representación del modelo asociado a la oferta de la economía del viaje. Es decir la red de autopistas se consideró al principio de este capítulo. Dado el uso frecuente de cartografía derivada de GPS, la oferta se suele representar con una exactitud, literalmente, militar. Es muy importante que los usuarios de previsiones de tráfico e ingresos no se dejen seducir por la ciencia de la oferta, creyendo que el modelo de tráfico total es más riguroso de lo que realmente es. Estos modelos

---

[16] «*Ramp up*» o periodo de lanzamiento es el periodo posterior a la apertura de una carreta de peaje caracterizado por un crecimiento estable en uso, desde una base baja, mientras los usuarios se acostumbran a la nueva instalación y a sus características. También puede reflejar un periodo de protesta y desgana de los clientes a la hora de pagar peajes. El *ramp up* acaba cuando el uso de la instalación madura, la pauta se estabiliza y las tendencias de viajes a largo plazo se hacen más visibles.

son tan fuertes como débiles son sus enlaces. Los cuales, inevitablemente, tienen relación con el «arte» de la representación de la demanda y el tratamiento de su crecimiento. Los buenos analistas y los inversores bien informados enfocan la mayoría de su atención crítica en este punto.

De forma completa, la Figura 2.5 resume el proceso tradicional de previsión de tráfico e ingresos en carreteras de peaje:

FIGURA 2.5: PROCESO DE PREVISIÓN DE TRÁFICO E INGRESOS

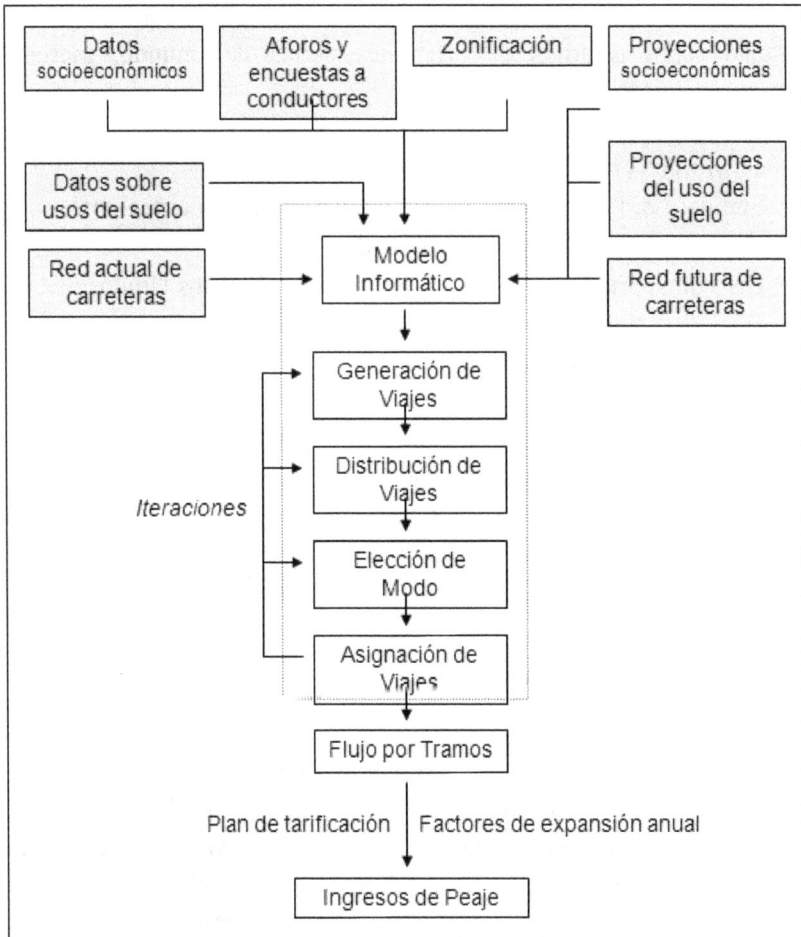

3. EVIDENCIAS EMPÍRICAS DEL RIESGO DE DEMANDA

EXACTITUD DE LOS MODELOS DE PREVISIÓN DE TRÁFICO

Aunque los modelos de previsión de tráfico están en uso desde hace más de 50 años, hay relativamente muy poco material publicado sobre su exactitud predictiva. Sin embargo, seis corrientes de investigación, reflejadas por estudios de diferentes partes del mundo, merecen nuestra atención:

- JP Morgan (1997). Estados Unidos.
- Standard & Poor's (2002, 2003, 2004 & 2005). Internacional.
- Flyvberg et al (2005). Internacional.
- US Transportation Research Board (2006). Estados Unidos.
- Vassallo (2007). España.
- Li & Hensher (2009). Australia.

En este capítulo, cada uno de estos estudios es considerado de forma particular y sus conclusiones quedan resumidas, incluyendo también un comentario del autor. Basadas en las conclusiones de los estudios, se resaltan las fuentes de errores más significativas y se describen enfoques alternativos para la evaluación de previsiones de riesgo.

JP Morgan (1997)

En 1997, el banco inversor JP Morgan publicó sus conclusiones sobre las previsiones de tráfico en carreteras de peaje[17] en un informe basado en una muestra pequeña. Este informe examinaba 14 carreteras de peaje urbanas construidas recientemente en los Estados Unidos, comparando el rendimiento real —en este caso, ingresos de peaje—

---

[17] '*Examining Toll road Feasibility Studies.*' Municipal Finance Journal, Vol. 18, No. 1, primavera 1997.

con las previsiones originales. El banco presentó sus conclusiones en forma de porcentajes, definiendo el ratio de rendimiento real sobre el previsto. Este ratio, tiene la ventaja de resumir las conclusiones de cada proyecto en una sola cifra, con resultados mayores al 100% indicando incidencias de previsiones a la baja. Hubo pocos resultados mayores de 100%.

En el primer año de operación, sólo una de las 14 carreteras de peaje excedió su previsión de ingresos. Tres de las carreteras no alcanzaron las previsiones por un 25%. Para cuatro de las carreteras de peaje, los ingresos reales fueron menos del 30% del equivalente previsto. En respuesta, el banco apuntaba lo siguiente:

«Reducir la incertidumbre asociada con estas previsiones representa unos de los mayores desafíos para las agencias de transporte, consultores de tráfico, banqueros e inversores».

Los participantes en proyectos de carreteras de peaje todavía se enfrentan aquí a su mayor desafío».

Standard & Poor's (2002, 2003, 2004 y 2005)

En el año 2002, Standard & Poor's publicó lo que sería un informe de cuatro investigaciones anuales examinando críticamente la exactitud de las previsiones sobre demanda en carreteras de peaje[18]. En cuatro años, la agencia recogió datos de más de 100 carreteras, puentes y túneles de peaje internacionales, permitiendo una comparación entre previsiones y tráfico real. Siguiendo la convención adoptada por JP Morgan, la agencia presentó sus conclusiones como ratios de rendimiento real previsto. Esta vez se usaron ratios en vez de porcentajes. Un ratio mayor que 1,0 representa predicción a la baja. De acuerdo con las conclusiones de JP Morgan, la mayoría de estudios mostraron ratios menores que 1,0, reflejando que el volumen de tráfico real que utilizaba el peaje era sistemáticamente más bajo que sus respectivas previsiones.

La Figura 3.1 resume las conclusiones de Standard & Poor's (2005) de 104 estudios individuales sobre previsiones de tráfico en

---

[18] *Traffic Risk in Start-Up Toll facilities.* Standard & Poor's, septiembre 2002.

carreteras de peaje. La media de la distribución se sitúa en 0,77, valor que sugiere, en promedio, previsiones al alza (tendencia al optimismo) de un 25%. Esta conclusión está de acuerdo con las conclusiones publicadas anteriormente por la agencia en sus informes anuales previos.

FIGURA 3.1: RATIO DE TRÁFICO REAL/PREVISTO (S&P)

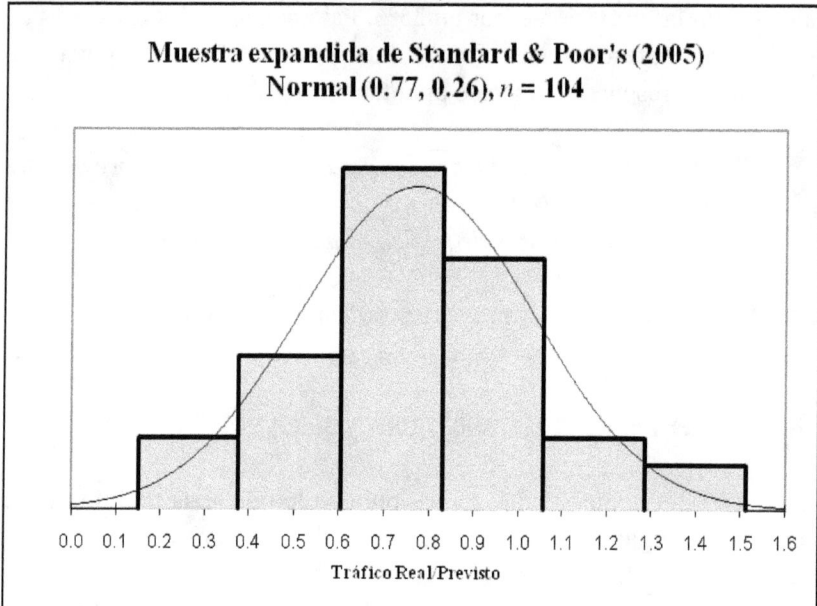

Muestra expandida de Standard & Poor's (2005)
Normal (0.77, 0.26), n = 104

Tráfico Real/Previsto

Inicialmente, la investigación de Standard & Poor's se enfocaba en el análisis del tráfico en carreteras de peaje en el año de su puesta en funcionamiento. En investigaciones posteriores[19], la agencia extendió su estudio para considerar el rendimiento de las previsiones de tráfico en años subsiguientes. Aunque no había una buena disponibilidad de datos, S&P anunció que no existía evidencia de mejora en el rendimiento después del primer año. La agencia atribuyó mucha culpa de la tendencia optimista a que las concesiones de carreteras de peaje se conceden frecuentemente a los ofertantes que hacen las previsiones de tráfico e ingresos más altos, premiando así el

---

[19] *Traffic Forecasting Risk Study Update 2005: Through ramp-up and Beyond,* Standard & Poor's, agosto 2005.

optimismo y no la exactitud. Esta interpretación está apoyada por Flyvberg, expuesto más tarde. Las proyecciones de previsiones altas se utilizan también para apoyar la notable, incluso agresiva, tasa de deuda asociada a la financiación en muchas carreteras de peaje.

Aparte de mostrar tendencia a desviaciones sistemáticas demasiado optimistas, la investigación de Standard & Poor's muestra la magnitud de errores asociados con las previsiones de tráfico en carreteras de peaje. La cola izquierda de la distribución representada arriba, describe proyectos donde el tráfico real fue menos del 20% del previsto. La cola de la derecha muestra el tráfico que supera las previsiones en más del 50%. Sin embargo, este exceso es más interesante desde el punto de vista del capital que desde los ingresos fijos. El espacio limitado de esta guía no permite una discusión detallada de todos los resultados y conclusiones en la investigación de Standard & Poor's. Pero las conclusiones clave se resumen aquí:

- Las previsiones hechas para bancos resultaron ser menos optimistas y más conservadoras que las previsiones preparadas para ofertantes.
- Las previsiones realizadas en países donde las carreteras de peaje llevaban tiempo establecidas eran más exactas que en las zonas que implantaban por primera vez sistemas de peaje.
- Sistemas de tarifas y mecanismos de pago complejos aumentaban la incertidumbre en la previsión.
- Los modelos de probabilidad tienen un papel que desempeñar, pero deben ser elaborados de manera realista. Los modelos de probabilidad se mencionan más tarde en este capítulo.
- Las previsiones creadas para carreteras sin peaje o donde los conductores no pagan en el momento de uso, incluyendo carreteras de peaje en sombra, comparten los mismos errores característicos que las realizadas para carreteras de peaje pagado por el usuario en metálico.
- Las previsiones de uso de vehículos pesados eran aun menos fiables que las realizadas para vehículos ligeros. Standard & Poor's subraya las implicaciones que tiene esto a la hora de calcular ingresos. Los camiones suelen representar una proporción baja de todo el tráfico (típicamente menos del 10%) pero, de acuerdo con diferenciales en la tarifa, pueden contribuir en más del 25% de los

ingresos del proyecto[20].

- Debido a estimaciones de crecimiento demasiado agresivas, proyectos que producen poco en sus primeros años, no alcanzan nunca las previsiones en los años siguientes.

Aparte de esto, Standard & Poor's identificó razones de fallos comunes en la exactitud de las previsiones en el pasado. Con estos fallos, la agencia desarrolló un Catálogo de Riesgos del Tráfico (*Traffic Risk Index*) para saber qué proyectos pueden ser susceptibles de presentar previsiones erróneas. El Catálogo de Riesgos del Tráfico se estudia con más profundidad en el capítulo 4.

Flyvberg et al (2005)

En el 2005, Flyvberg et al publicaron los resultados de una encuesta, con una amplia muestra, de rendimiento de demanda en carreteras y ferrocarriles[21]. Respecto al tráfico en carreteras, los autores se centraron fuera del sector del peaje, en carreteras regulares. Sin embargo, muchas de sus conclusiones se pueden aplicar aquí. El análisis de Flyvberg sugiere que

- La exactitud en las previsiones de tráfico no ha mejorado en los últimos 30 años.
- Para la mitad de los proyectos de carreteras analizados, la diferencia entre tráfico real y previsto ha sido más de +/- 20%.
- Para una cuarta parte de los proyectos de carretera, la diferencia excedía en +/- 40%.

Standard & Poor's publicó después un análisis comparativo de sus resultados en carreteras de peaje, frente a los de Flyvbergs en carretera libre. Este análisis sugiere que la tendencia sistemática hacia el optimismo demostrado en la investigación de carreteras de peaje no se refleja en los datos de carreteras libres de pago. Las previsiones en carreteras libres tenían el mismo riesgo de previsión a la baja que al

---

[20] Los camiones, en algunas carreteras de peaje de Norteamérica, por ejemplo, el Pennsylvania Turnpike, producen hasta el 50% de ingresos del proyecto

[21] *How (in) accurate are demand forecass in public works projects?* Journal of the American Planning Association, Vol.71, No.2. Primavera 2005.

alza. Sin embargo, partiendo de errores en la previsión, las carreteras de peaje y las carreteras libres se comportaron comparablemente mostrando amplios rangos de error.

US Transportation Research Board (2006)

Como parte de su *National Cooperative Highway Research Program*, en el 2006 el US Transportation Research Board (TRB) publicó una «síntesis de prácticas en autopistas» atendiendo específicamente a los estudios de demanda e ingresos en carreteras de peaje. Entre otras cosas, esta síntesis exponía ingresos de peaje reales como un porcentaje de los previstos en 26 instalaciones de peaje en los Estados Unidos en sus primeros cinco años de operación. Los ingresos reales resultaron ser de un 30% a un 40% menos de lo previsto. De las 104 observaciones individuales, solamente 13 de las cifras de ingresos estaban entre +/- 10% ,y sólo la tercera parte caía entre +/-25% de los ingresos previstos.

Vassallo (2007)

En 2007, Vassallo publicó los resultados de una pequeña encuesta de previsiones de carreteras de peaje en España[22]. Al contrario que los resultados de S&P, los autores afirman que, en su muestra, la exactitud de las previsiones de tráfico sí mejoró notablemente después del primer año. Sin embargo, la tendencia general que descubrieron es que existía claramente una exageración del volumen de tráfico. Vassallo resalta que la magnitud de esta previsión al alza sigue en línea con, aunque ligeramente por encima, los resultados previos de S&P de un (+35%).

Li & Hensher (2009)

La contribución más reciente se centra en el sector de carreteras de peaje australianas[23]. En Li & Hensher examinaron 13 carreteras,

---

[22] *Why Traffic Forecasts in PPP Contracts are Often Overestimated*, EIB University Research Sponsorship Programme, EIB, Luxemburgo, 2007.
[23] *Toll Roads in Australia*, Institute of Transport and Logistics Studies, University of Sydney, 2009.

puentes y túneles de peaje en Sidney, Brisbane y Melbourne. Las cifras comparativas de tráfico previsto (real frente a previsto) se ofrecen para diez de las instalaciones, aunque los datos comparativos anuales para cada carretera están incompletos. Se realizaron comparaciones en el primer año de operación de 5 carreteras, demostrando que el volumen de tráfico previsto era un 45% mayor del observado. Los autores comentan que «Esta cifra es significativamente más alta que los números ofrecidos por Standard & Poor's». De acuerdo con Vassallo, en Li & Hensher encuentran mejoras graduales en el rendimiento de la previsión después del primer año de operación. Una carretera con un rendimiento un 33% más bajo de lo esperado (año 1) pasó a un sobre-rendimiento del 3% nueve años después. El tráfico en otra mejoró del 48% de la previsión al 55% en un periodo de tres años. Una recuperación lenta tras un pésimo rendimiento en su primer año. Como conclusión, los autores dicen que «el tráfico real en carreteras de peaje se podrá ajustar a la previsión, pero esto puede llevar mucho tiempo». Incluso en otra carretera se seguía operando en un 19% menos de la previsión después de seis años.

EVIDENCIAS EMPÍRICAS. COMENTARIO

Las evidencias empíricas sobre previsiones de ingresos en carreteras de peaje son constantes y claras. De ellas se sacan tres advertencias para los analistas: los errores ocurren muy frecuentemente, suelen ser considerables y son habituales las previsiones al alza (con tendencia optimista). El estudio del TRB muestra que dos tercios de las previsiones de ingresos se equivocaron por más del 25%. Esta es una conclusión llamativa partiendo de la exactitud en las previsiones. Es incluso más preocupante si la miramos desde el punto de vista de los analistas de crédito, ya que la gran mayoría (>90%) de los errores eran previsiones al alza. Muy pocas observaciones, únicamente 5 de 105, reflejaron circunstancias en las que los ingresos de peaje fueran previsiones a la baja.

Esto representa la realidad en las previsiones de ingresos en carreteras de peaje en la actualidad. ¿Cómo un analista puede detectar si un proyecto está expuesto especialmente a error o sesgo? El resto de esta guía se centra en esta pregunta. Una buena manera de comenzar es resumiendo las fuentes más comunes de errores que en el pasado han sido la causa de previsiones erróneas; de este modo, los analistas de crédito podrán estar alerta desde un primer momento.

FUENTES COMUNES DE ERRORES EN LAS PREVISIONES

Factores que Conducen al Error

Como resultado de sus cuatro años de investigaciones sobre previsiones de tráfico en carreteras de peaje, Standard & Poor's compuso una lista de comunes fuentes de errores en estas previsiones. Las diez fuentes más usuales se resumen aquí (la lista no implica jerarquía alguna).

Tarifas de Peaje Elevadas

La agencia identificó las tarifas de peaje demasiado elevadas como una fuente recurrente de previsiones erróneas. Son tarifas situadas fuera de las tasas por milla (o kilómetro) normalmente observadas, no siendo entendida la respuesta del cliente. En ocasiones se cobran tarifas elevadas de peaje en instalaciones urbanas nuevas para recuperar los considerables gastos asociados a obras de demolición y construcción en zonas urbanizadas. La agencia también indicó que la reacción de clientes frecuentes, como los que viajan al trabajo diariamente, había sido sobrevalorada.

Escenarios de Usos del Suelo y Desarrollo Económico que Finalmente no se Alcanzaron

Los cálculos y previsiones de crecimiento de tráfico se basan en estimaciones sobre cómo se usará en el futuro el suelo alrededor de la infraestructura considerada. Algunas carreteras de peaje en Norteamérica, por ejemplo, no llegaron a sus expectativas de tráfico porque se redujo, sin anticipación, el desarrollo comercial y residencial. A menudo, el crecimiento del tráfico puede depender también de suposiciones clave en relación con el desarrollo económico futuro en una determinada zona. Si el desarrollo económico no alcanza las expectativas, puede ocurrir que el volumen de tráfico en la carretera de peaje no crezca lo esperado o no crezca nada.

Ahorros de Tiempo Inferiores a los Anticipados

Si los conductores no se dan cuenta o no perciben el tiempo que se pueden ahorrar con el uso de una infraestructura de peaje, sobre todo en instalaciones urbanas de corto recorrido, es improbable alcanzar la cantidad de tráfico e ingresos previstos. Los analistas tienen que asegurarse y entender el hecho de que se puede perder la confianza en el potencial ahorro de tiempo y este razonamiento deben incluirlo en sus evaluaciones. Las carreteras que acaban en zonas urbanas pueden sufrir congestiones en los puestos de cobro de peaje. Lo cual hace inservible el tiempo ahorrado con el uso de la infraestructura. Este fenómeno se conoce como «corra y espere», *hurry up and wait.*

Mejoras en Rutas Competitivas (Sin Peaje)

Algunos acuerdos de peaje conceden exclusividad a los concesionarios, protegiéndoles así de la competencia de rutas alternativas. Otros asumen que la atracción de rutas alternativas se devaluará, y proponen compensaciones en el caso de que posibles nuevas rutas desvíen los ingresos de la carretera de peaje. Sin embargo, muchos acuerdos no hablan de la competencia y del contexto en el cual funcionarán las nuevas infraestructuras de peaje (hoy y en el futuro), creando así oportunidades competitivas. El riesgo debe ser bien calculado y entendido ya que puede ser la causa de pérdida de valor de los flujos de caja, sobre los que el concesionario tendrá poco control.

Menor Cantidad de Vehículos Pesados

Las previsiones de uso por parte de conductores de vehículos pesados son poco fiables. Por lo cual, combinado con el hecho de que los ingresos procedente de camiones contribuyen bastante a los ingresos totales, es importante saber con exactitud qué parte del flujo de fondos depende de la demanda de camiones en carreteras de peaje. Los camioneros, sobre todo autónomos, suelen evitar las carreteras de peaje, especialmente en el periodo inicial de su puesta en servicio. Este periodo de «protesta» puede ser más duro y profundo de lo previsto, incluso bajo pruebas de sensibilidad. El peaje M6 en el Reino Unido es un buen ejemplo de una carretera con menos camiones de lo previsto, pero no es ni mucho menos el único caso. Las previsiones de ingresos tuvieron que ser revisadas con posterioridad para tener en cuenta el uso real de los vehículos pesados.

Menos Tráfico en Fin de Semana o Fuera de Hora Punta (Horas Valle)

Los modelos de tráfico suelen simular condiciones de tráfico en hora punta. Las estimaciones se hacen sobre la relación entre es tráfico de hora punta y fuera de esa hora, y éstas se usan para calcular la demanda agregada, diaria o anual. No obstante, el periodo de hora punta se caracteriza por viajes obligados en esa hora, por ejemplo los que van a trabajar. Cuando los conductores sufren carreteras congestionadas dan mucho valor al ahorro de tiempo. Fuera de estas horas, el tiempo de viaje para ir de compras o por ocio no importa tanto, las redes están menos congestionadas y los conductores están dispuestos a pagar menos por alternativas (carreteras de peaje) donde ahorran un poco de tiempo. Los analistas deben conocer la relación de viajes en hora punta y hora valle para que estas suposiciones sobre ingresos de peaje fuera de horas punta sean creíbles.

Complejidad de la Tarifa de Peaje

Las tecnologías de cobro de peaje se desarrollan y extienden cada vez más, permitiendo a las agencias y operadores de peajes la creación de sofisticadas estrategias de tarificación. Antes, los conductores pagaban un precio único, o uno basado en la distancia recorrida en la carretera de peaje. Ahora la tarifa puede variar según el tramo de carretera, sentido, hora, día de la semana, época del año y, dinámicamente, de acuerdo con el nivel de congestión. Los precios se han vuelto más sofisticados, tanto como las opciones para pagar. Los conductores pueden ser menos conscientes de la cantidad exacta que pagan, y comportarse de otra manera si se les cobra mensualmente mediante tarjeta de crédito. Todo esto complica las previsiones de tráfico. Los modelos de tráfico han de llegar a un nivel de desagregación mayor para que los distintos componentes del flujo de fondos se puedan calcular antes de ser agregados. Los analistas deben fijarse en que todo esto va más allá de la preferencia, siendo algunas veces un tema más relacionado con la intuición.

Valoración a la Baja del Periodo de Lanzamiento (*Ramp Up*)

«Ramp up» o «periodo de lanzamiento» es el periodo inicial de puesta en funcionamiento de la infraestructura. Cuando los conductores están todavía experimentando y familiarizándose con la nueva instalación. Se ha caracterizado normalmente con un crecimiento fuerte partiendo de una base baja. Finaliza cuando las pautas se hacen visibles y maduran a un estado estable, el crecimiento se establece siguiendo tendencias a largo plazo. Anticipar el perfil de la duración y el tamaño del periodo de lanzamiento es uno de los problemas más difíciles a los que se enfrentan los analistas de tráfico. Algunos imponen simplemente un perfil supuesto como el 70%, 80%, 90%, y 100% en tres años con poca justificación empírica. Esta guía no tiene la amplitud suficiente para una discusión detallada del periodo de lanzamiento. Sin embargo, se debe reconocer que, sobre todo en proyectos en zonas urbanas, el periodo inicial puede durar bastante más de lo previsto, acabando con un flujo de fondos demasiado bajo en los tan sensibles primeros años de operación. Considerando la incertidumbre, parecería sensato desarrollar varias pruebas de sensibilidad, evaluando la capacidad de recuperación del modelo financiero frente a suposiciones alternativas de *«ramp up»*.

Errores de Cálculo en la Valoración del Ahorro de Tiempo

Como concepto, el valor de tiempo ahorrado en los viajes permanece en el fondo de todos los modelos de previsiones de tráfico. Sin embargo, el valor del tiempo ahorrado varía entre individuos e, incluso, varía para el mismo individuo de acuerdo con factores tales como el motivo de viaje. El valor que atribuimos al tiempo ahorrado cuando vamos hacia el aeropuerto para coger un avión es bastante más alto que cuando estamos de vacaciones conduciendo y disfrutando del paisaje. Los estudios de previsiones de tráfico tienen que explicar qué valores de tiempo ahorrado se han usado en los modelos, cómo se han calculado y cómo se han aplicado y, por supuesto, dar justificaciones creíbles en cada caso.

Sensibilidad de las Previsiones a Largo Plazo frente a las Estimaciones del PIB

Debido a los largos horizontes temporales empleados en las previsiones, de uno 30 años o más, el impacto acumulado por diferencias relativamente pequeñas en las estimaciones del PIB o de la tasa de crecimiento de tráfico puede ser considerable. En la Figura *3.2* se ilustra este razonamiento. Al final del horizonte previsto, el tráfico que sigue la estimación de una tasa de crecimiento del 3% es casi la mitad del valorado al 5%. Muy pocos modelos financieros de carreteras de peaje podrían sobrevivir un «corte» de demanda de tráfico del 50%.

FIGURA 3.2: SENSIBILIDAD DE PREVISIONES A LARGO PLAZO

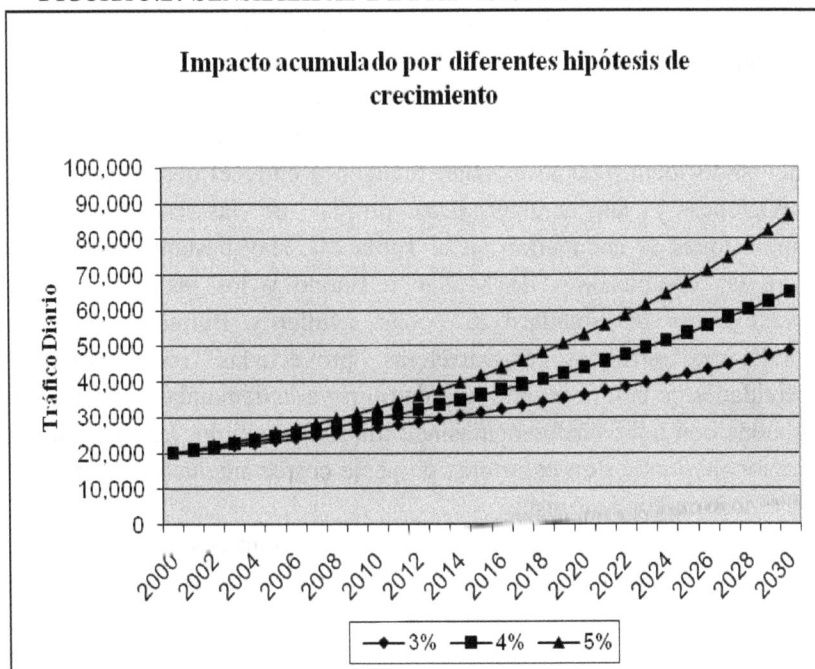

Impacto acumulado por diferentes hipótesis de crecimiento

Otras Fuentes De Error En Las Previsiones

Aparte del estudio realizado por Standard & Poor's, existe poca literatura que pueda guiarnos sobre las fuentes potenciales de errores en las previsiones de tráfico. El estudio de Flyvberg identificaba problemas de exactitud que se originaban con el uso de datos y variables de encuestas caducadas. De acuerdo con las conclusiones de S&P, Flyvberg señala también escenarios de usos del suelo y desarrollos que no se adaptan a lo esperado.

En general, el trabajo de Flyvberg se centraba no en el error, sino en la tendencia al optimismo[24]. Nos advierte también de lo que él llama «distorsión estratégica»[25]. Se exageran datos para apoyar alguna acción u objetivo específico por ejemplo, conseguir una cantidad de deuda exagerada y/o ganar una oferta para una concesión de carretera de peaje.

En el año 2002, un estudio de Muller y Buono[26] examinó un buen número de previsiones de carreteras de peaje estadounidenses intentando identificar si existían relaciones entre el desarrollo de las previsiones y las características propias de las carreteras. Sus conclusiones se encuentran en la Tabla *3.1*. Hay bastante coherencia entre las conclusiones de Muller y Buono y los resultados de la investigación de Standard & Poor's. Muller y Buono atribuyeron previsiones erróneas a carreteras proyectadas para estimular actividades económicas, en lugar de unirse a la demanda existente, y a aquellas con unas tarifas demasiado altas. En cambio, las previsiones funcionaban mejor en carreteras de peaje correctamente conectadas al resto de la red de autopistas.

Los factores que conducen al error resumidos anteriormente, muchos de ellos citados en la Tabla 3.1, se incluyeron en el Catálogo de Riesgos de Tráfico de Standard & Poor's.

---

[24] Megaprojects and Risk: *An anatomy of ambition*, B Flyvberg et al, Cambridge University Press, 2003.

[25] Giglio (1998) se refiere a este fenómeno como deshonestidad intelectual

[26] *Start-Up Toll Roads: Separating Winners from Losers*, Municipal Credit Monitor, JP Morgan, New York, 2002.

TABLA 3.1: DESARROLLO DE LAS PREVISIONES Y
CARACTERÍSTICAS DE LAS CARRETERAS

Desarrollo de la previsión	Características de la carretera de peaje
El rendimiento real alcanzado iguala o excede las previsiones	• Zona urbana/ suburbana bien desarrollada en área metropolitana de gran tamaño • Corredor con ingresos altos • Importante tráfico de paso • Alta valoración del tiempo ahorrado • Buenas conexiones • Ausencia de alternativas competitivas sin peaje • Previsiones de crecimiento moderadas
Rendimiento real entre el 61% y 67% del previsto	• Pautas de tráfico menos establecidas • Menor integración a la red existente • Carreteras de circunvalación sin cerrar • Zonas con ingresos que exceden la media pero con pautas de desarrollo menores • Alejada de zonas de concentración de empleos • Tasas de peaje medias o altas (pero con uso inelástico porque los conductores ya están acostumbrados a pagar peajes)
Rendimiento real entre 51% y 60% del previsto	• Corredores con pautas de tráfico ya establecidas o más desarrolladas • Normalmente construidas en grandes zonas metropolitanas o zonas turísticas muy activas • Ahorros de tiempo consistentemente calculados • Crecimiento proyectado de ingresos moderado
Rendimiento real entre el 29% y 50% del previsto	• La base del proyecto es una instalación generadora de tráfico (por ejemplo un aeropuerto) • Situado en una zona no desarrollada • Se espera que la carretera de peaje estimule el desarrollo • Altas tasas de crecimiento de ingresos • Aumentos periódicos de tarifas de peaje

Fuente: Adaptación de Muller and Buono (2002)

Aproximación A Los Modelos De Riesgos

Pruebas de Sensibilidad y Análisis de Escenarios

Analistas con experiencia han adaptado el proceso de previsión de tráfico a la incertidumbre del mismo, centrándose en pruebas de sensibilidad y análisis de escenario. Sin embargo, antes de comenzar con pruebas de sensibilidad tenemos que saber qué estamos probando y darle la importancia necesaria. Esto nos lleva al caso base o caso central en el estudio de las previsiones de tráfico.

La intención de este caso base es la de reflejar lo que anticipamos será el escenario más probable en el futuro. En esta etapa, los esfuerzos para incluir impresiones subjetivas de cómo preferiríamos cuantificar las variables de entrada resultan inservibles y se prestan a la confusión. Nuestro apetito o aversión al riesgo no deberían afectar al caso base.

Las previsiones de tráfico en el caso base pueden ir acompañadas de un caso optimista, *«upside case»*, relacionado con el capital y por un caso pesimista o conservador *«downside case»* partiendo de deuda. Las consideraciones acerca del capital se quedan fuera del ámbito de esta guía. El caso conservador, algunas veces nombrado como «el caso del banco», resulta de un análisis de escenario, es decir, de una serie de pruebas de sensibilidad individuales que se unen formando el escenario. Aquí es donde se debe ver nuestro apetito por el riesgo: en las variables seleccionadas para realizar los tests de sensibilidad y en el grado de sensibilidad que alcanzan. Recuerde de todos modos que un caso negativo sólo alcanza sus objetivos si es la parte negativa de un caso base en el que creemos.

Modelos de probabilidades

Con los tests de sensibilidad, el encargado de los modelos de tráfico adopta un valor del parámetro que se diferencia del usado en el caso base y examina el impacto en las salidas clave. Normalmente, el volumen de tráfico en un tramo de peaje dentro de una red de autopistas. Junto con un análisis de escenario se combinan y comparan una cantidad de pruebas de sensibilidad. En ambos casos, todas las variables de entrada son valoradas cuantitativamente de forma discreta, por ejemplo, un valor de tiempo ahorrado de 10 €/hora, o un crecimiento del PIB del 2.5% anual. El modelo asume que hay solamente un valor para cada variable, asume que el especialista sabe cuál es el valor y asume también que es correcto. Un modelo de este tipo se llama un modelo determinístico.

Un método alternativo es usar un modelo probabilístico. La versión más común es el modelo de simulación de Monte Carlo. Varias empresas consultoras de tráfico sugieren el uso del modelo probabilístico Monte Carlo para previsiones de tráfico e ingresos en carreteras de peaje. Estos modelos no indican valores discretos, sino que usan rangos y probabilidades. El PIB creció entre un 1% y un 4% anual en los últimos 20 años, la media fue un 2,5% por año y se cree que el futuro será parecido al pasado. Normalmente, la mayor y más peligrosa suposición en un modelo de tráfico. Un modelo probabilístico permite al analista capturar esta información. El crecimiento de PIB se especificaría de la siguiente manera:

Valor Mínimo	Más Probable	Valor Máximo
1,0%	2,5%	4,0%

Así se define una distribución triangular de crecimiento del PIB, como se muestra en la Figura 3.3

FIGURA 3.3: DISTRIBUCIÓN TRIANGULAR (1, 2.5, 4)

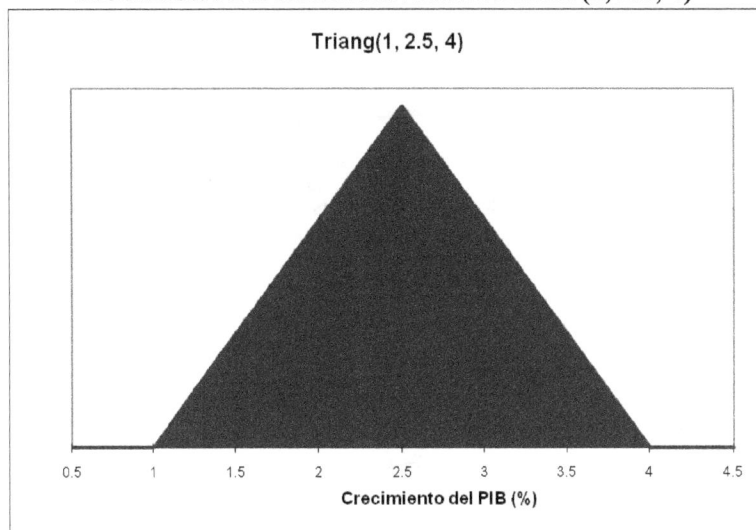

Fuente: @RISK (http://www.palisade.com/)

Los modelos probabilísticos pueden ser muy sofisticados. En el modelo determinístico mencionado antes, asumimos que el valor del tiempo ahorrado era de 10 €/hora. La Figura 3.4 muestra los resultados asumiendo que los valores de tiempo siguen una distribución diferente, esta vez «*log normal*»[27]. El valor del ahorro de tiempo medio sigue siendo 10 €/hora pero algunas personas perciben valores más bajos mientras que otros mucho más altos. De ahí la desviación positiva, la cola larga de la derecha.

FIGURA 3.4: DISTRIBUCIÓN «*LOGNORMAL*» (10,5)

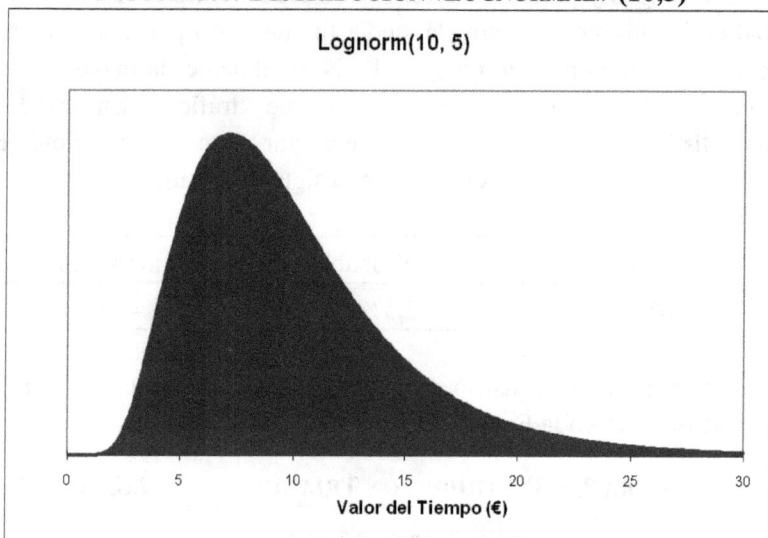

Fuente: @RISK (http:/www.palisade.com/)

Los detalles de estos modelos probabilísticos no son importantes en este punto. El concepto importante es el de convertir valoraciones discretas en probabilidades, o exactamente, en funciones probabilísticas de distribución. Sin embargo, se debe tener cuidado con estos modelos probabilísticos:

- El analista de tráfico tiene que definir las variables que pueden ser probabilísticas y debería poder justificarlo.
- El analista de tráfico tiene que definir qué funciones probabilísticas de distribución se usan y también justificarlo.

---

[27]Ya que los niveles de ingresos se suelen representar mediante una distribución «*log-normal*», ésta es recomendable a la hora de representar los valores de ahorro de tiempo.

Algunas variables pueden relacionarse entre ellas de manera que el encargado de realizar el modelo tiene que definir también (*a*) qué variables se relacionan, y (*b*) la manera en que se relacionan. Como siempre, las razones deben estar justificadas.

Los modelos probabilísticos no son un sustituto de los modelos tradicionales de tráfico. Son una extensión de los mismos. En la práctica, los encargados de hacer previsiones recogen las salidas de los modelos tradicionales de tráfico y las usan como entradas en modelos probabilísticos. Efectivamente, modelizan el modelo.

Como las probabilidades sustituyen los valores discretos de entradas en un modelo de simulación Monte Carlo, las salidas del modelo se presentan igualmente como probabilidades o rangos. Esto puede ser muy útil para indicar la incertidumbre asociada con, por ejemplo, el volumen de tráfico que usará una carretera de peaje en el año 2015. Sin embargo, aquí se puede aplicar el dicho: «si metes basura, obtienes basura», (GIGO en sus siglas inglesas «*Garbage in, Garbage out*»). Un pronosticador de tráfico que utiliza rangos estrechos y poco realistas para las variables de entrada creará rangos demasiados estrechos y no realistas para las salidas. Por ejemplo, tráfico en el año 2015. Esto deduce un grado de precisión y certeza en los resultados que no se sustenta en las evidencias predictivas resumidas anteriormente.

4. A QUÉ PRESTAR ATENCIÓN EN UN ESTUDIO DE TRÁFICO E INGRESOS

INTRODUCCIÓN

Este último capítulo se divide en cinco secciones cortas. La primera presenta unas técnicas analíticas que pueden usarse para examinar el tráfico y los ingresos en carreteras de peaje desde perspectivas alternativas. La segunda sugiere las mejores formas en las que los asesores de tráfico deben presentar sus resultados destinados a una audiencia compuesta básicamente por inversores. Reconociendo que puede haber presión para inflar previsiones de ingresos y tráfico en carreteras de peaje bajo ciertas circunstancias, la tercera sección estudia la forma en la que se pueden lograr estos aumentos. Trucos que los analistas de crédito deben saber identificar. La cuarta sección contiene una lista de aspectos clave; preguntas rápidas que pueden usar los analistas para comprobar su nivel de comprensión sobre las previsiones de tráfico en carreteras de peaje. Finalmente, se presentan conclusiones sobre las previsiones que se realizan en la actualidad y las del futuro y se consideran las implicaciones que el flujo tiene para la estructuración de transacciones «*investment-grade*».

APROXIMACIONES ANALÍTICAS ALTERNATIVAS

Hasta este punto, el centro de atención ha estado en los detalles que se esconden tras los modelos de tráfico y la preparación de previsiones de ingresos, de manera que el lector de estudios de demanda pueda comprender mejor el material al que se enfrenta. Resulta instructivo, sin embargo, observar las previsiones de tráfico e ingresos en carreteras de peaje desde otras perspectivas alternativas. Estas otras perspectivas pueden ayudar a entender mejor cualquier informe y a ser capaz de comprobar si tiene sentido. A continuación se presentan cinco métodos alternativos de utilidad para los analistas:

- Simplificación
- Deconstrucción y reconstrucción
- Análisis del punto critico
- Análisis de incrementos
- Uso del Catálogo de Riesgos de Tráfico.

Simplificación

Se refiere a apartar todos los detalles que tanto complican los informes sobre ingresos y tráfico, y concentrarse en lo fundamental. Transforme la red de carreteras en un diagrama básico, por ejemplo como en la Figura 4.1

FIGURA 4.1: DIAGRAMA BÁSICO DE TRAMOS DE AUTOPISTA CLAVE

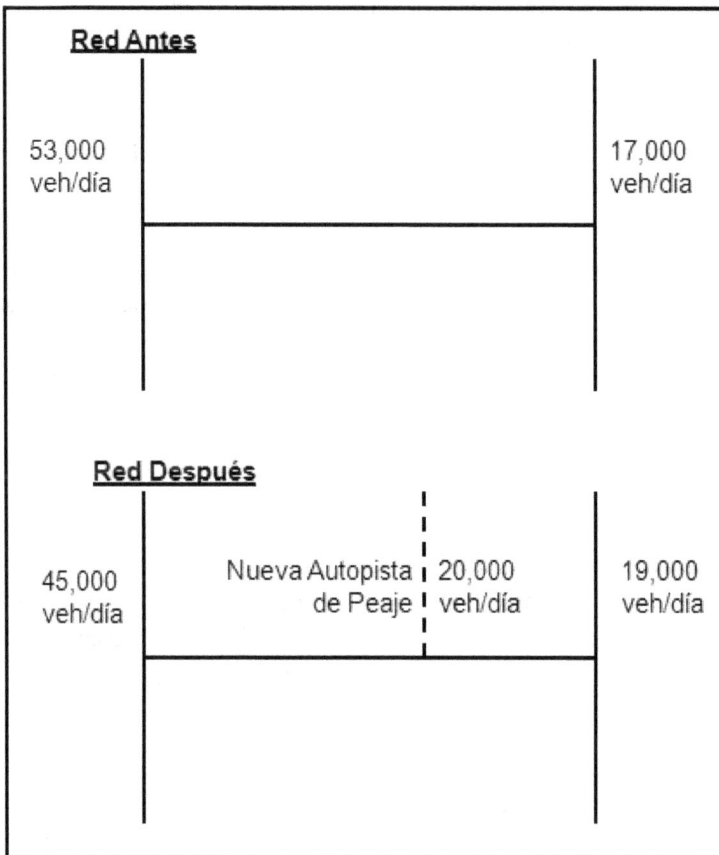

En la Figura 4.1 se puede ver que el movimiento total norte-sur es de 70 000 vehículos/día antes de la construcción de la nueva carretera de peaje y de 84 000 vehículos después. Esto se tiene que explicar de alguna manera; puede ser por el crecimiento de tráfico de fondo o por el tráfico inducido28, o alguna combinación de los mismos. Es igual, la representación simplificada destaca la cuestión y provoca la pregunta. Igualmente, podemos ver que la nueva carretera de peaje captura aproximadamente el 25% del tráfico total en ese corredor, unos 20 000/84 000. ¿Es esto razonable? ¿Qué pruebas ha demostrado el asesor de tráfico, quizás de otros planes comparables, que apoyen esta alta tasa de captura? Una representación básica de la carretera de peaje, enfocada en el contexto de sus tramos competitivos claves y mostrando el volumen de tráfico diario, es una manera útil de mejorar su entendimiento de cómo se pronostica la respuesta de los viajeros a la nueva instalación. Entonces pregúntese ¿tiene esto sentido?

Siguiendo con la filosofía de simplificar, tabule en una única hoja de papel todas las suposiciones sobre modelos y previsiones que hayan tomado los asesores. Mejor aún, ¡qué lo hagan ellos! La Tabla *4.1* en la página siguiente muestra una plantilla. Muchos estudios de tráfico e ingresos no llegan a clarificar todas las suposiciones que los sostienen; o contienen referencias a ellas en páginas dispersas. Lo cual no supone una ayuda. Concentrarlas en una página sirve para centrarse en los factores que impulsan las previsiones, surgiendo de esta manera cuestiones sobre las suposiciones apoyadas por pocas pruebas o ninguna. La lista de suposiciones también se puede comparar con las pruebas de sensibilidad mencionadas en el estudio, viendo si se han empleado las más apropiadas y no solamente las que ha elegido el asesor.

Esta filosofía de simplificar se basa en la idea presentada al principio de esta guía, esto es, razonamientos sencillos que están de acuerdo con la intuición tienen más probabilidad de atraer un amplio apoyo. Los razonamientos que requieren explicaciones complicadas o que, al final, se quedan como un misterio pueden resultar creíbles pero deben ser tratados con mucha cautela por los analistas de crédito.

---

[28] La construcción de una nueva autopista puede, en sí mismo, aumentar la cantidad de viajes en una zona. Se dice que ese aumento ha sido inducido por la mejora de red; sin embargo existen pocos datos empíricos sobre la magnitud exacta de tráfico inducido bajo unas circunstancias dadas.

TABLA 4.1: SUPOSICIONES CLAVE EN UN MODELO

Variable	Suposición	Justificación/Fuente/ Comentarios
General		
Software de modelización		
Periodos de tiempo modelizados		
Definición de zonas		
Año base		
Año de apertura previsto		
Número de clases de vehículos		
Número de motivos de viaje		
Variables de planificación		
Crecimiento de la población		
Crecimiento de hogares		
Crecimiento de empleos		
Crecimiento del PIB		
Crecimiento de ingresos		
Crecimiento del número de vehículos		
Estimaciones de desarrollo		
Variables de la red		
Capacidad/carril		
Crecimiento de la capacidad		
Limitaciones de velocidad		
Variables de tráfico y conductores		
Tarifas de peaje (ej. cénts/km)		
Escalonamiento de tarifas		
Valor(es) del tiempo		
Escalonamiento del valor del tiempo		
Uso de Tecnología de cobro electrónico (ETC)		
Crecimiento del sistema ETC		
Bonificación por uso del sistema		

ETC		
Descuentos/violaciones de ETC		
Primas de autopista		
Tráfico inducido		
Crecimiento del tráfico a corto plazo		
Crecimiento del tráfico a largo plazo		
Variables de expansión (anualización) e ingresos		
Factor de expansión		
Dispersión de horas punta		
Plan de tarificación horaria		
Escalones de tarificación		
Elasticidad de las tarifas		
Perfil del periodo de lanzamiento *«ramp up»*		
Año(s) futuro(s) modelizado(s)		
Crecimiento de ingresos a corto plazo		
Crecimiento de ingresos a largo plazo		

Algunas de las variables son, a diferencia de las entradas, las salidas del modelo. Sin embargo, resulta instructivo tenerlas resumidas y justificadas en una sola tabla. Esta lista no es exclusiva. Los asesores de tráfico deben adaptar la tabla para reflejar las variables usadas y las suposiciones hechas en circunstancias particulares. También se debe dar la justificación para las variables que permanecen constantes y las que cambian en años futuros.

Deconstrucción y Reconstrucción

El objetivo de deconstruir y reconstruir es buscar dentro de las previsiones para identificar las claves que determinan las fuentes de ingresos. La técnica resulta mejor ilustrada con un ejemplo.

Se prevé que una carretera de peaje tenga una demanda de unos 35 000 vehículos/día justo después de abrir. Unos 20 000 vehículos se transferirán de una carretera sin peaje congestionada y de calidad inferior que discurre paralela a la nueva carretera de peaje. Así 10 000 se transferirán de otras carreteras locales en la zona, y 5000 llegarán de dos autopistas situadas a una considerable distancia de la nueva infraestructura. La nueva carretera generará ingresos anuales de 10 millones de euros. El modelo financiero muestra que el proyecto tiene que generar 7,5 millones de euros para cumplir con obligaciones de deudas y costes de operación.

Los analistas están preocupados por algunas de las suposiciones que se esconden detrás de las previsiones y sienten que hay una particular incertidumbre acerca de cuántos conductores se transferirán desde las dos autopistas lejanas y, aunque en menor medida, también desde la red local. Una reunión con los consultores de tráfico sugiere que se pueden atribuir diferentes niveles de confianza a las diferentes fuentes de absorción de tráfico, aunque sea subjetivamente:

TABLA 4.2: DECONSTRUCCIÓN Y RECONSTRUCCIÓN

Fuentes de demanda	Tráfico total al día	Nivel de confianza	Tráfico efectivo al día
Carretera paralela	20 000	100%	20 000
Carreteras locales	10 000	70%	7000
Autopistas	5000	0%	0
Total			27 000

Deconstruyendo los flujos de tráfico y reconstruyéndolos nuevamente (teniendo en cuenta incertidumbres, inquietudes y aversión al riesgo), el equipo analítico se empieza a sentir cómodo con una cifra de volumen de tráfico alrededor de 27 000/día. Como 27 000 vehículos/día generan ingresos anuales que superan el umbral de costes, 7,5 millones de euros, el comité de crédito apoya las características generadoras de ingresos de esta carretera de peaje y así pueden centrar su atención en otros aspectos de la transacción.

Esto es un ejemplo sencillo. Todos los analistas vieron desde el principio que la previsión era de 35 000 vehículos/día. Buscando entre las cifras e identificando las contribuciones clave al flujo de ingresos total, son capaces de mejorar su entendimiento. Esencialmente, resolvieron el problema preguntándose (*a*) ¿qué necesitamos? y (*b*) ¿qué nos llevara a alcanzarlo? Los consultores de tráfico no presentarán siempre sus resultados de esta forma porque pueden no tener una respuesta clara a la pregunta (*a*).

Análisis del Punto Crítico

Si se representan las previsiones de tráfico a lo largo del tiempo, muchos de los resultados se parecerán al perfil ilustrado en la Figura 4.2.

FIGURA 4.2: ANÁLISIS DE PUNTO CRÍTICO

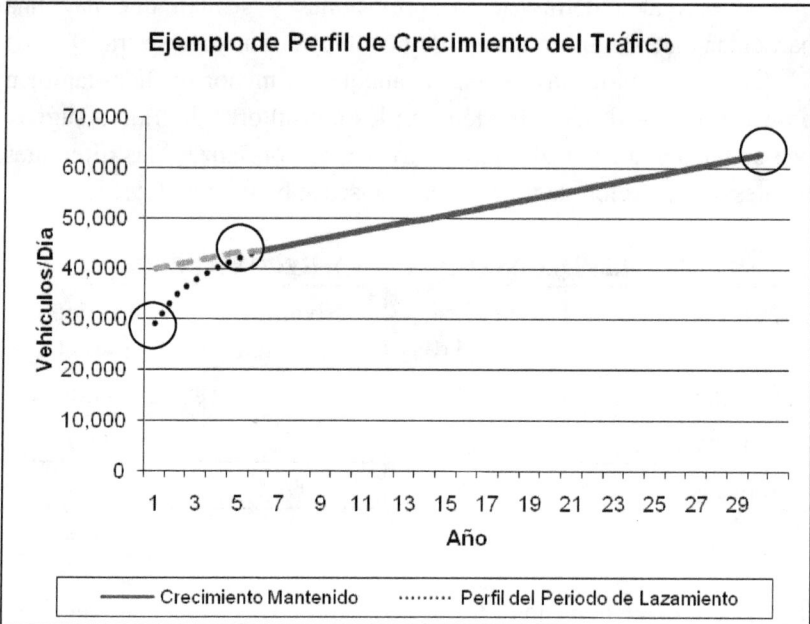

Los tres círculos señalados en la Figura *4.2* representan los puntos críticos. Se podría pedir a los encargados de las previsiones que reformulen sus argumentos para apoyar la situación de estos puntos críticos. Mirando de adelante hacia atrás, o de derecha a izquierda:

- ¿Cuál es la justificación del crecimiento estable a largo plazo?
- ¿Cuál es la justificación del crecimiento en el periodo de lanzamiento, *ramp up*?
- ¿Cuál es la justificación del volumen de tráfico en la apertura?

De nuevo, esto se deduce simplemente al observar las previsiones de tráfico en una carretera de peaje desde una perspectiva alternativa;

pero a su vez, estas tres preguntas pueden suponer unos interesantes puntos de discusión entre los productores y los usuarios de previsiones de tráfico.

Análisis de Incrementos

Es normal que los informes sobre tráfico e ingresos presenten previsiones futuras en la apertura de una nueva instalación de peaje, o en la extensión de una ya en funcionamiento. Las previsiones para el primer año muestran una combinación de impactos: crecimiento de tráfico anterior al periodo, la demanda asociada con la mejora de red y la imposición del peaje. Resulta instructivo aislar estos impactos, de manera individual y colectiva, para entender mejor su contribución. Esta es la base del análisis de incrementos.

El asesor de tráfico puede modelizar la carretera de peaje como si se abriese hoy mismo, por ejemplo. Esto permite que el impacto de la mejora de red, la nueva carretera, se aísle de los impactos de las otras suposiciones sobre crecimiento. ¿Los resultados tienen sentido? Asimismo, el peaje se puede anular en el modelo aislando el impacto asociado al cobro de tarifas en el nuevo tramo. Igualmente, ¿tienen sentido los resultados?

Aunque es simplemente hipotético, el análisis de incrementos se puede usar para entender el importante periodo de transición y las influencias del mismo entre hoy y el año de apertura. Esto puede ser especialmente útil cuando se prevé un alto uso en el primer año de operación.

El Catálogo de Riesgo de Tráfico de Standard & Poor's

El Catálogo de Riesgo de Tráfico de Standard & Poor's fue presentado anteriormente y se tratará con profundidad en el apéndice A. Es una completa y empírica lista de control de características de las carreteras de peaje, puntuándolas subjetivamente del 1 al 10. A mayor puntuación en la escala, mayor es la exposición del proyecto a previsiones inciertas y al riesgo. En un nivel básico, el Catálogo de Riesgo se puede usar como una lista de temas para que el analista, o éste junto al consultor de tráfico revise su entendimiento del proyecto y compruebe que no ha pasado por alto importantes factores a considerar.

A un nivel más sofisticado, se puede usar la puntuación, como se muestra en los apéndices B y C. En el apéndice B, las barras horizontales representan la exposición del inversor a determinados riesgos. En el apéndice C, la puntuación se completa con comentarios que explican el marco sobre el cual se sostiene la valoración dada. Los dos enfoques se pueden usar para subrayar los temas que requieren más investigación o análisis. Incluso hasta el punto de tener que renegociar contratos basados en estos riesgos, cambiar precios o hacer nuevos contratos con terceras partes, como aseguradoras, por ejemplo.

Esto no significa que los riesgos con baja puntuación dejen de ser importantes. Sin embargo, este sencillo registro, en una simple hoja de papel, centra la atención en los riesgos clave del proyecto. Resulta muy lógico, y estimula una consistencia analítica que asegura que proyectos diferentes, quizás bajo la responsabilidad de varios analistas de crédito, se valoren y comparen de forma similar.

INFORMES DE BUENAS PRÁCTICAS

Quizás resulte raro que el tema de «buenas prácticas», análisis de los resultados de otro estudio sobre tráfico e ingresos, debiera ser incluido en una guía para los usuarios de previsiones. ¿Quizás estas sugerencias deberían dirigirse directamente a los que las hacen? Las buenas prácticas se consideran aquí porque:

- Permite que el lector considere cómo el estudio que está leyendo se desvía de lo que son buenas prácticas y al mismo tiempo se pregunte el porqué de este alejamiento.
- Suele existir un diálogo entre lectores de estudios y escritores, durante el cual puede ser interesante considerar algunos de los temas que se mencionan después.
- Los usuarios de esta guía pueden encargar estudios sobre tráfico e ingresos en el futuro o pueden tener un impacto en los temas de referencia y, en ese contexto, las guías sobre buenas prácticas pueden ser útiles.

Existen varias cuestiones a considerar en relación con las buenas prácticas en la redacción y la presentación de resultados de estudios de tráfico e ingresos en carreteras de peaje. Algunas de las mismas se presentan a continuación.

Interpretar y Comunicar las Propuestas Comerciales

Demasiados informes sobre tráfico e ingresos comienzan con muchos detalles técnicos, sin haber dado antes explicaciones claras del producto (la instalación de un peaje), sus ventajas (tiempo ahorrado, viajes sin congestión, etc.) y la probable respuesta del cliente. Ya se ha dicho que un simple argumento que convence de forma intuitiva es la forma más poderosa de atraer inversores a la propuesta comercial que representa una carretera de peaje. Los analistas de crédito tendrán que hablar de estos proyectos con compañeros y presentarlos a los comités de crédito, por lo que los informes deben ser escritos de manera que faciliten la comunicación y que puedan ser presentados de forma exacta y concisa, sin contener demasiados tecnicismos.

Suposiciones y Justificaciones del Caso Base

Las suposiciones del caso base deben ser expuestas en una sola tabla dentro del informe de tráfico e ingresos con justificaciones robustas que apoyen todas las hipótesis y suposiciones hechas. Resultaría también muy útil que el asesor de tráfico explicara el porqué de ciertas suposiciones, exponiendo igualmente las razones por las que no se consideraron otras. Estos argumentos se fortalecen en gran medida cuando se proporcionan evidencias empíricas.

Algunas de las suposiciones dependerán de series históricas, por ejemplo, el PIB ha crecido una media de un 2% anual en los últimos 20 años. Algunos asesores de tráfico sitúan en los lectores del estudio la responsabilidad de una posible rotura de la tendencia. Esto resulta bastante pobre; la responsabilidad es claramente del que pronostica. Únicamente él tiene que explicar por qué la tendencia debe continuar invariable en el futuro.

También viene bien que el previsor critique su propio trabajo. Nadie mejor que él conoce las limitaciones de sus investigaciones[29], los enfoques usados y dónde recaen las incertidumbres residuales. Esto se debe compartir con la audiencia en vez de tener que responder a posteriores «interrogatorios». La intención de un buen informe no es la de proponer una posición y después defenderla rigurosamente. Los buenos informes intentan transmitir información y compartir la

---

[29] La mayoría de encuestas sobre tráfico usan muestras anteriores, y esto supone una limitación para investigaciones posteriores.

experiencia del autor para promover una discusión, un entendimiento y un debate constructivos.

Presentación de un Estudio Equilibrado

Muchos estudios sobre tráfico e ingresos se centran demasiado en los inicios del proceso; quizás tres cuartas partes del texto se dedican a la calibración del modelo de año base y todo el trabajo que se tuvo que hacer en su preparación. Este modelo calibrado no es el final del proceso. Es el principio. Una gran cantidad del trabajo preparatorio y los detalles técnicos que lo acompañan se podría presentar de forma útil como apéndices. La calibración del modelo es importante, aunque es difícil imaginarse a los más importantes consultores en este campo «sufriendo» para producir modelos de año base bien calibrados; especialmente si se limitan a modelizar las horas punta. Es lo que ocurre una vez que el modelo está calibrado lo que resulta más importante para un analista de crédito.

En relación con la redacción de estudios equilibrados, se sugiere en el apéndice C un Índice de Materias para un estudio sobre tráfico e ingresos preparado de forma específica para que lo examinen los inversores. Ésta no es una receta definitiva, simplemente un ejemplo. Un estudio conciso y «digestible» constaría de unas 50 páginas; 20 enfocadas a las previsiones después de la calibración y a su interpretación, al análisis de escenario y a las pruebas de sensibilidad. Las pruebas de sensibilidad son necesarias para entender la importancia y la elasticidad en los flujos de fondos del proyecto. Se debe hacer de una manera inteligente, no simplemente cambiando el valor de algunas de las variables un 10% para ver lo que sucede. El que presenta la previsión debe justificar (*a*) qué variables deben pasar un test de sensibilidad, (*b*) por qué y (*c*) en qué medida. Los resultados de las pruebas de sensibilidad deben ser ideas, no sólo datos. Importa mucho más lo que significan los resultados que los datos en sí mismos.

El Papel de la Revisión por Expertos, «Revisión por Pares»

Una revisión por pares puede ser una manera muy útil para que la audiencia no técnica pueda ponerse rápidamente al día con los temas analíticos claves. Las revisiones por pares son comunes en los Estados Unidos pero no han sido adoptadas en otros lugares, aunque el sistema de revisión «*independent due diligence*» puede desempeñar algunas de sus funciones. Sin embargo, estas comisiones «diligentes» pueden realizar revisiones muy superficiales, mientras que hay más interacción entre el consultor de tráfico y el revisor usando el sistema de revisiones por pares.

CÓMO INFLAR LAS PREVISIONES

Los criterios de evaluación utilizados actualmente para la adjudicación de muchas de las autopistas de peaje se centran en maximizar los ingresos o minimizar los gastos de las agencias gubernamentales. En los concursos de adjudicación, los criterios de evaluación son generalmente públicos, estableciendo así las «reglas del juego» desde el principio. Los ofertantes son incentivados a desarrollar estrategias que respondan mejor a los criterios por los que sus presentaciones serán juzgadas, aportando «luz» a la elaboración de sus ofertas y maximizando sus posibilidades de ganar la concesión. En estas circunstancias, las previsiones de tráfico e ingresos requieren mucha atención.

El éxito de la estrategia a la hora de establecer la oferta y la capacidad de reunir grandes cantidades de deuda a menudo se basa en fuertes proyecciones de demanda; incluso en situaciones en las que los beneficios a corto plazo pueden eclipsar cualquier posible coste a largo plazo. Esto es particularmente cierto cuando, por razones prácticas o de reputación, los organismos públicos pueden estar abiertos a una posterior renegociación contractual. En resumen, el proceso de contratación pública en general —y los criterios de evaluación de ofertas en particular— recompensan previsiones de demanda e ingresos altos, no las hechas de manera precisa. Esto provoca una presión «asimétrica» sobre los consultores de tráfico en relación con los resultados que obtienen de los modelos de previsión de demanda. En este contexto, los siguientes párrafos resumen 21 formas de inflar las previsiones de demanda e ingresos en carreteras, «trucos» a los que los inversores deben prestar atención.

1. Potenciando el Valor

La representación de una autopista de peaje en un modelo de tráfico puede ser favorecida de diversos modos. Un tratamiento incompleto de los retrasos a los que se expone un conductor en un área de peaje o a la salida de la autopista, incorporándose a otra vía congestionada, hace mucho más atractiva la autopista a los usuarios potenciales; o también sobrevalorando la capacidad por carril. Los modelos emplean comúnmente hipótesis en las que la capacidad aumenta en años futuros a pesar de la ausencia de mejoras en la geometría o en la configuración de la carretera. Se supone que reflejan así la capacidad del conductor de adaptar su comportamiento, en términos de tolerancia en las distancias de seguridad. De tal manera que se incremente la capacidad de una vía. Naturalmente, esto mejora la atractividad de la carretera. Estas hipótesis deberían ser comprobadas si se van a incorporar a un modelo de previsión de demanda.

Un enfoque alternativo es infravalorar el panorama competitivo. La posición de una autopista de peaje aparece muy reforzada en relación con sus competidores, cuando éstos ofrecen alternativas con niveles de servicio muy bajos. Se puede conseguir degradando la capacidad de vías alternativas mediante el uso de límites de velocidad o relaciones velocidad/flujo demasiado bajas, o sobrevalorando los tiempos de espera, por ejemplo en intersecciones. También se puede lograr simplificando el panorama competitivo, por ejemplo ignorando los pequeños pero importantes atajos en redes urbanas o descuidando el potencial de otras carreteras o modos de transporte que puedan ser desarrollados en el futuro.

2. Eligiendo tus Variables de Planeamiento

Los valores futuros de las variables socio-demográficas y de planeamiento usados en los modelos de tráfico se presentan generalmente como rangos. Una selección constante de los valores más altos de estos rangos nos lleva, en igualdad de condiciones, a ejercer una presión al alza sobre los valores de tráfico. Esta es una de las razones por las que todas las hipótesis de partida de un modelo deberían estar tabuladas en una hoja aparte y convenientemente justificadas con evidencias que apoyen estos datos proporcionados por el consultor.

Una variación en este tema es el uso de variables de planeamiento propias, diseñadas para conseguir objetivos políticos particulares. Un estudio reciente en este sentido habla de «objetivos de planificación». Estas variables aparentemente independientes e imparciales —como proyecciones demográficas— pueden ser la base sobre la que el Estado asigna fondos a los gobiernos regionales. Por lo tanto, existen incentivos para los autores de estas previsiones para inflar sus proyecciones, las cuales, a su vez, pueden ser utilizadas para inflar las previsiones de tráfico. Comprender la(s) fuente(s) de estas variables socio-demográficas y de planificación «independientes» puede ayudar a mitigar el riesgo. Presentar previsiones alternativas de diferentes sectores públicos o privados proporciona también algo de tranquilidad a los inversores y analistas de créditos.

3. «Interpretando» Juiciosamente las Series Históricas

Teniendo series históricas de datos —como tráfico o ingresos por peaje— a menudo se pueden aislar diferentes tendencias por medio de una selección cuidadosa del periodo de estudio. Es decir, determinar lo que queremos contar y a partir de ahí seleccionar los datos que lo apoyen. ¿Fue la tendencia histórica de crecimiento un 5% anual, un 7% o un 3%?

La Figura *4.3* muestra la serie histórica de ingresos-milla en la Autopista de Peaje Pennsylvania Turnpike, en los Estados Unidos. En el periodo desde la apertura (1941) hasta el 2006, el interés compuesto anual alcanzó el 5% anual. Desde 1952 hasta el 2006, la tasa fue sólo del 5% anual. Desde 1952 hasta 2006 la tasa fue de un 3%. Sin embargo, con la intención de mantener altas previsiones de demanda, la tasa entre 1943 y 2006 fue de un muy útil 7%. Todas estas tasas de crecimiento derivan de la misma serie histórica, simplemente han sido cogidas de distintas partes de la misma.

FIGURA 4.3: SERIE HISTÓRICA DE INGRESOS MILLA EN LA
AUTOPISTA DE PEAJE PENNSYLVANIA TURNPIKE

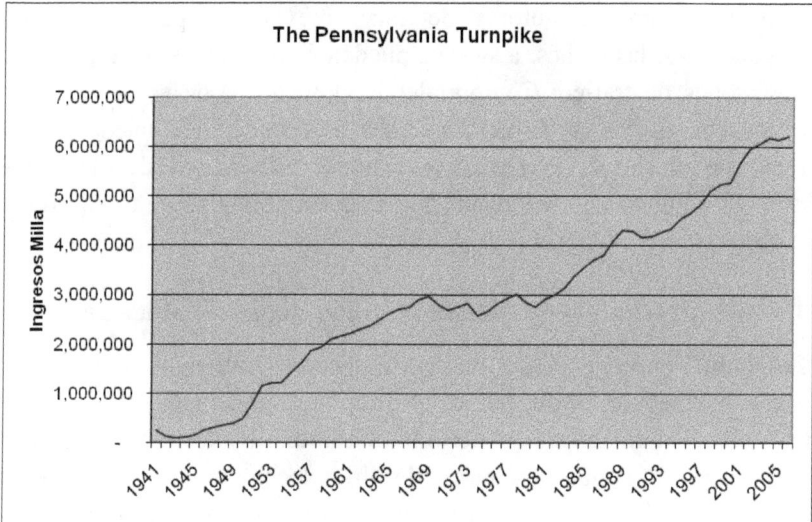

Fuente: www.paturnpike.com

4. Investigando y/o Aplicando Selectivamente Factores de Crecimiento

Los informes sobre tráfico e ingresos suelen dar estadisticas de la zona en estudio para apoyar sus previsiones. Un estudio puede plantear para toda el área un crecimiento de población medio del 1,2% anual entre el 2010 y el 2030. Esto parece razonable, incluso cauteloso. ¿Pero qué sucede con la distribución de este crecimiento? Si, en realidad, el modelo prevé que la mayoría de este crecimiento de población tendrá lugar en zonas adyacentes o que producen viajes a la carretera de peaje, no sería una sorpresa descubrir que el crecimiento de la demanda es mucho más alto; ¡en cualquier caso más que el 1,2% por año!

5. El futuro será Exactamente Igual que el Pasado

Algunas previsiones de carreteras de peaje se crean basadas en fuertes tendencias de crecimiento de la demanda. ¿Por qué han de continuar las mismas tendencias en los 25 o 30 años siguientes? ¿Y qué ocurre con las relaciones historicas, como la que relaciona crecimiento del PIB y crecimiento del tráfico? ¿Por qué tiene que continuar esta estrecha relación en el futuro? Estas relaciones le sirven al analista para justificarse, en el caso de aumentar el principal o los plazos de amortización de la deuda que estén fijados. En ausencia de justificación seria, las previsiones de caso base se deben ajustar para mostrar la incertidumbre que se asocia con las previsiones a largo plazo. También se debería usar pruebas de sensibilidad para evaluar el impacto de las relaciones clave que podrían cambiar en el futuro.

6. El Futuro no será Para Nada como el Pasado

Un estudio reciente sobre tráfico e ingresos revisado por el autor demostró con claridad, y con claras evidencias, que, históricamente, el crecimiento del tráfico en el área de estudio no había sido ni consistente ni fuerte. En algunos corredores clave, el volumen del tráfico había descendido. En el futuro, de acuerdo con las previsiones de tráfico, el crecimiento debería ser fuerte y mantenido. No hubo explicación para este cambio dramático entre pasado y futuro. Esto recuerda a un fenómeno conocido como la «ceguera del modelo». Los especialistas han estado tan metidos en la mecánica del modelo que se quedan ciegos y dejan de comprobar la credibilidad de los resultados del mismo. Otros síntomas de posible ceguera incluyen escenarios de bajo crecimiento que conllevan previsiones de tráfico e ingresos por encima del caso base y en pruebas de sensibilidad severas con escaso impacto en la variación de ingresos del proyecto. Simplemente, porque el modelo produzca ciertos resultados, estos no deben ser tomados como ciertos desde un primer momento.

7. Usando la Estacionalidad como una Ventaja

Los aforos de tráfico deben llevarse a cabo en días y meses neutrales. Los días y meses neutrales son aquellos típicos partiendo de pautas de viaje y condiciones de tráfico. El desarrollo del proyecto algunas veces no permite realizar el aforo en estos días, sin embargo, no considerar este factor de estacionalidad puede llevar a obtener resultados erróneos en los modelos.

La Figura 4.4 muestra el impacto de la estacionalidad en Cornualles —un destino popular en el suroeste de Inglaterra— y compara las pautas de tráfico de allí con la media anual en el Reino Unido.

FIGURA 4.4: EJEMPLO DE ESTACIONALIDAD

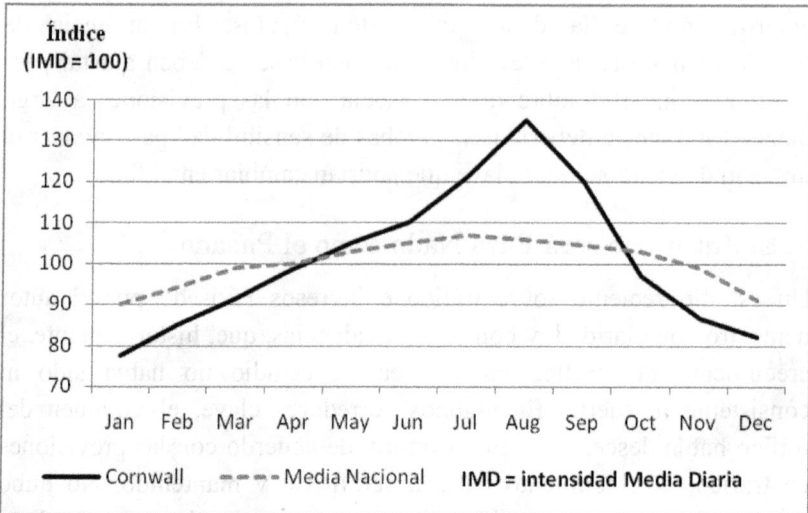

Mientras que la pauta nacional muestra ligeros rasgos de estacionalidad, no es mucha en comparación con la de Cornualles. El tráfico en Cornualles en agosto es un 35% más alto que la media anual. La Figura 4.4 muestra cómo de atípicos pueden ser ciertos meses del año.

Los días de la semana muestran fluctuaciones parecidas. Simplemente compare el tráfico de un atípico día laborable de mercado con la media semanal. Sin los ajustes precisos, las encuestas realizadas en días o meses atípicos exageraran la cantidad de viajes en una zona y, *ceteris paribus*, nos llevará a previsiones de tráfico más altas.

8. Haciendo Desaparecer Verdades Incómodas

Esto último se ilustra mejor con un ejemplo. A continuación se presenta en la Tabla 4.2 una encuesta de tiempos de recorrido en cinco desplazamientos por una carretera paralela (sin peaje) competencia del tramo de peaje en estudio.

TABLA 4.2: TIEMPO DE DESPLAZAMIENTO- RESULTADO DE LA
ENCUESTA

Todos los tiempos en minutos					
Desp. 1	Desp. 2	Desp. 3	Desp. 4	Desp. 5	Media
17	11	14	6	12	12
17	11	14	n/a	12	13,5

El desplazamiento medio resultó ser de 12 minutos (primera fila). Sin embargo, el cuarto desplazamiento fue bastante más rápido. Si esto se considera una anomalía y se descarta, el recorrido medio sube a 13,5 minutos (segunda fila). Lo cual resulta útil porque reduce la atracción de la carretera alternativa y mejora la competitividad de la carretera de peaje.

La diferencia entre 12 y 13,5 minutos puede parecer pequeña, pero algunas técnicas de valoración, incluida la formulación «*logit*» mencionada anteriormente, pueden ser muy sensibles a estos pequeños cambios en las características de las rutas alternativas. Dependiendo de la forma de la curva, estos pequeños cambios pueden tener un impacto desproporcionado en el porcentaje de tráfico previsto que usará la carretera de peaje. Los asesores de tráfico que usen modelos «*logit*» tendrán que informar de la estabilidad de sus cálculos de captura de mercado ante pequeños cambios en el paisaje competitivo. Raras veces ofrecen esta explicación.

9. Diseñando y Administrando Encuestas para Conseguir los Resultados Necesarios

Los investigadores en materia de tráfico reconocen que es posible obtener los resultados necesarios simplemente diseñando y administrando encuestas juiciosamente. De manera parecida, es posible sesgar los resultados con un diseño y una administración pobres. Esto resulta particularmente cierto en casos con encuestas de preferencias declaradas donde las elecciones entre rutas alternativas están influenciadas por factores como rangos, características presentadas, ausencia de algunas alternativas, obligando la respuesta, etc.

Esto no quiere decir que la técnica de encuestas mediante preferencias declaradas sea intrínsecamente defectuosa. Los profesionales están al tanto de estos problemas y deberían saber cómo minimizar sus influencias. De todos modos, los analistas de crédito deben mantener la calma en este sentido. Quizás asegurándose la contratación de empresas reconocidas globalmente por su experiencia y manteniéndose alerta al mismo tiempo, ya que pueden existir formas de alterar los resultados de las encuestas cambiando el contexto, la selección o la definición de las cuestiones en las entrevistas.

10. La magia de factores de la expansión/anualización

Los modelos de tráfico se centran en horas críticas del día como la hora punta de la mañana de un día laborable. Los factores de expansión se usan para ampliar los resultados a estimaciones anuales, ingresos anuales de peaje, por ejemplo. Cuanto más pequeño es el periodo de tiempo modelizado, más énfasis se ha de poner en estos factores de expansión, teniendo en cuenta que pequeños cambios en estos factores pueden tener un impacto importante en los cálculos finales de ingresos.

Digamos que un modelo de tráfico prevé que, durante la hora punta de una mañana laborable, 1600 vehículos usarán una carretera de peaje pagando una media aproximada de 1,50 dólares. Dos series de factores de expansión alternativas se presenta en la Tabla 4.3 (como escenario *A* y *B*).

TABLA 4.3: FACTORES DE EXPANSIÓN Y SU INFLUENCIA

Factores de expansión	Escenario A	Escenario B
Hora punta matinal como fracción del tráfico diario en días laborables	1/8	1/10
Día laborable como fracción del tráfico anual	1/250	1/275
Ingresos anuales	**4,8 millones $**	**6,6 millones $**

Usando los factores de expansión bajo el primer escenario resulta un cálculo de ingresos anuales de 4,8 millones de dólares. Usando el escenario alternativo, también creíble, los ingresos ascienden a 6,6 millones de dólares (casi un 40% más). Esta importante diferencia no tiene nada que ver con el modelo de tráfico, sino simplemente con el uso de los factores de expansión. Los asesores de tráfico deben explicar su elección de valores y exponer los resultados de los tests de sensibilidad si las previsiones de ingresos parecen depender demasiado de estos factores. Al contrario que en el ejemplo expuesto aquí, el proceso de expansión que se esconde detrás de algunos modelos de previsión puede ser muy complejo. Es importante que los analistas comprendan bien este proceso.

11. Asumiendo que los Usuarios se Comportan Racionalmente

Es fácil subestimar la resistencia de algunos conductores a pagar el peaje, algunas veces son muchos. Incluso en circunstancias, donde el tiempo ahorrado resulta muy atractivo, es posible observar a muchos conductores sufriendo atascos, simplemente para evitar el pago de un precio relativamente bajo. Puede parecer ilógico y contrario a lo que sugiere un modelo de tráfico, pero sin embargo, sucede. Por esta razón, los analistas de crédito deben prestar tanta atención a los datos que revelan preferencias en instalaciones parecidas y en otros proyectos de carreteras como a la ausencia de los mismos.

12. Asumiendo que los Clientes Tomarán Siempre la Misma Decisión

El ejemplo de un puente urbano de peaje en San Juan (Puerto Rico), ilustra muy bien este caso. Esta infraestructura es usada sobre todo por los trabajadores del distrito empresarial en el centro de la ciudad. La tarifa es de 1,50 dólares para automóviles y el modelo original de tráfico exageró la demanda un 46% en el primer año de operación. El consiguiente análisis de pautas de comportamiento demostró que los clientes no usaban el puente en ambos sentidos, ni cada día. Los clientes usaban el puente selectivamente. Se inclinaban más a pagar para llegar a casa rápidamente que para llegar al trabajo, e incluso este efecto se notaba más en los últimos días laborables de cada semana.

La propuesta de coste en el modelo de tráfico era un pago único de 1,50 dólares por x minutos de tiempo ahorrado. Sin embargo, si los clientes usaban el puente dos veces al día, cinco días por semana, la propuesta era en realidad de 15 dólares a la semana. Aunque no fue el recogido por el modelo, este era el coste que percibían los conductores y por eso usaban la instalación selectivamente. Los modelos que no recojan este comportamiento producirán previsiones de tráfico e ingresos al alza.

13. Sesgo Hipotético: ¿Una Mano Amiga?

Las encuestas de Preferencias Declaradas (PD) son ampliamente usadas en estudios de transporte, en parte porque son de las pocas técnicas que pueden medir valores de dentro y fuera del mercado, asociados con nuevas iniciativas como carreteras de peaje. La técnica sigue siendo de alguna manera controvertida. El analista no puede estar seguro de la exactitud de los valores calculados por PD porque estas encuestas son hipotéticas tanto en el pago como en la provisión del servicio en cuestión. La mayoría de las investigaciones demuestran que la gente exagera la cantidad de dinero que pagarían por un servicio cuando no tienen que hacerlo. Esto es conocido como «sesgo hipotético» y está bien documentado en investigaciones y estudios de campo, por ejemplo, Murphy et al (2005). Su análisis concluye que los valores hipotéticos pueden ser de 2,5 a 3 veces más que el pago real.

Existen unas pocas investigaciones que contradicen esto, por ejemplo Brownstowne and Small (2005), y sugieren que PD valora a la baja la cantidad que la gente estaría dispuesta a pagar realmente. No obstante, los analistas deben darse cuenta de la existencia de problemas con las encuestas de PD y su sesgo hipotético, sobre todo cuando los entrevistados no están convencidos de sus respuestas. La mayoría de las opiniones en este sentido se decantan por una estimación al alza debido al sesgo hipotético. Una más de las razones por las que los datos obtenidos mediante preferencias declaradas deben ser proporcionados, cuando sea posible, junto con los resultados de la encuesta completa.

14. Aumentando el Valor del Ahorro de Tiempo de Viaje

El valor del ahorro de tiempo de viaje (VTTS en siglas en inglés) es un concepto central en los estudios de demanda de carreteras de peaje. Es en sí mismo una cuestión muy extensa. Aquí nos centraremos sólo en tres aspectos. El primero es el concepto de crecimiento del valor del ahorro de tiempo, porque es común que los consultores usen estimaciones de crecimiento en modelos de previsión de carreteras de peaje. La teoría sugiere que los ingresos disponibles crecerán, en términos absolutos, en el futuro y por lo tanto el valor atribuido al tiempo ahorrado también lo hará. Las previsiones del PIB se suelen usar como patrón de crecimiento de los ingresos disponibles, aunque el factor de crecimiento real aplicado al VTTS puede ser más alto, por ejemplo 1,2 veces el crecimiento de ingresos disponibles.

Aumentar el valor de tiempo ahorrado estimula el uso de carreteras de peaje en los años futuros. Puede que haya argumentos que apoyen esta aproximación (los cuales deberían explicarse si fuera necesario) pero el impacto de este crecimiento es material, y debe ser aislado y entendido por los analistas de crédito que pueden sentir que, en algunas situaciones, se parece demasiado a un intento de dar más valor al capital.

Hay un segundo tema importante que tiene que ver con el ahorro de tiempo y que debe ser mencionado aquí. Se refiere a los pequeños ahorros de tiempo. El método típico calcula que un conductor que valora una hora ahorrada a 20 dólares, automáticamente valora un ahorro de tres minutos a 1 dólar. Esto es conocido como método de valor constante y es un método que atrae muchas voces críticas. Los investigadores sugieren que los pequeños ahorros de tiempo valen mucho menos que los grandes, sobre todo cuando no puedes hacer nada con el tiempo ahorrado, y que estas pequeñas cantidades de tiempo no son percibidas y por tanto, tampoco valoradas por los viajeros. Las estimaciones sobre ahorros de tiempo relativamente cortos tienen mucha importancia en el contexto de tramos cortos de carreteras de peaje, puentes o túneles. El rendimiento por debajo de lo esperado de los ingresos de unos túneles de peaje urbanos en Australia, por ejemplo, puede ser debido, en parte, a la valoración al alza de los precios que pagarían los clientes por ahorrar pequeñas cantidades de tiempo.

Finalmente, hay que considerar el valor del ahorro de tiempo en condiciones de congestión. Algunos asesores de tráfico mantienen que este valor varía de acuerdo con el nivel de congestión y que se han observado valores superiores a 1,5 veces el valor base. Los asesores de tráfico ven paralelismos con el valor de tiempo de espera en modelos de transporte publico (que es típicamente más alto que el valor de tiempo de viaje, representando la percepción de que el tiempo pasa más lento cuando se está esperando). El impacto se produce en una buena cantidad de viajes que el modelo asigna a la carretera y el efecto aumentará en el futuro donde se suponen niveles de congestión mayores que deterioran la red. De esta manera se consiguen mayores niveles de tráfico en la carretera de peaje.

15. Inflando la Prima de Carretera de Peaje

Algunos modelos de tráfico incorporan el uso de una «constante modal», conocida como prima o «*bonus*» de carretera de peaje, para reflejar la atracción inherente de las carreteras de peaje. Esto sugiere que si una carretera de peaje y su rival sin peaje se comparan partiendo de costes generalizados, en vez de asignar el tráfico a un 50:50, se supondrá que más tráfico usará la carretera de peaje. Se supone que esta prima recoge las características de la carretera de peaje que no se valoran totalmente en el modelo (quizás las que no se cuantifican fácilmente, como la calidad de viaje o la percepción de la seguridad).

El peligro radica aquí en sobrevalorar la prima de carretera de peaje, exagerando la atracción inherente a la propia infraestructura. Esto llevaría aparejado una sobre-estimación de ingresos. Los consultores de tráfico deben explicar y justificar explícitamente el uso de una prima de carretera de peaje, llegando incluso a reiniciar el modelo en la ausencia de la prima para aislar y determinar su contribución sobre los ingresos.

16. Inflando los Rendimientos

El rendimiento se refiere aquí a la relación ingresos/vehículo. Como la mayoría de carreteras de peaje están dominadas por el uso de vehículos privados, generalmente el rendimiento es similar a la tarifa pagada por estos usuarios. Cuanto mayor es la contribución de camiones y autobuses, mayor es el rendimiento ya que las tarifas respectivas son considerablemente más altas. Sobre-estimando la cantidad de camiones que circulan por una carretera de peaje, se consigue inflar los ingresos agregados de forma desproporcionada. Esto supone un problema, ya que la demanda de vehículos pesados es muy difícil de predecir y en estudios pasados siempre se hicieron previsiones al alza.

También se pueden sobredimensionar los cálculos de rendimiento si se hacen estimaciones poco realistas acerca de la aceptación de los programas de descuento ofrecidos por el operador a los usuarios.

Igualmente, cálculos poco realistas sobre evasión o exención del pago del peaje pueden exagerar el rendimiento. Los analistas deben entender no sólo los ingresos previstos, sino la composición de estos ingresos y las suposiciones, si existen, que los apoyan.

17. Dependencia del Desarrollo Especulativo

Los futuros planes sobre el uso del suelo son una de las variables más importantes en el modelo. Sin embargo, podrían plantearse preguntas acerca de cómo de reales son estos planes. La dependencia de planes de uso del suelo es un asunto muy problemático en economías en desarrollo o en economías con un crecimiento fuerte. Pero también es un problema a considerar en países desarrollados.

Los desarrollos puramente especulativos deben ser omitidos de las previsiones del caso base. De igual manera, los proyectos que dependen de la construcción de una infraestructura han de tratarse de manera cautelosa en términos de contribución al tráfico, y, por tanto, a los ingresos. Incluir desarrollos especulativos y generados en los modelos de demanda de carretera de peaje infla las previsiones de tráfico e ingresos.

18. El placer de la Demanda Inducida

Es ampliamente conocido que la construcción de una nueva autopista crea tráfico. No obstante, la relación no es clara ni consistente. A menudo, los encargados de pronosticar el tráfico en carreteras de peaje hacen suposiciones sobre el tráfico generado (inducido) y lo añaden a sus previsiones. Un ajuste que eleva un 10% las cifras no es del todo infrecuente; sin embargo, se suele justificar de manera poco rigurosa.

Los analistas deberían identificar primero, si se han realizado estos ajustes en el estudio que están revisando para después, considerar las pruebas que lo apoyan. En algunas circunstancias, la contribución del tráfico inducido se ha eliminado de las previsiones de ingresos del caso base, siendo conscientes de toda la incertidumbre que rodea de por sí a la previsión de ingresos. Como en los casos anteriores, el tráfico inducido sirve para inflar las previsiones de ingresos.

19. Introduce tus Propios Descuentos en el Peaje

Hay algunas pruebas que sugieren que, partiendo del uso de carreteras de peaje, los conductores pueden responder de manera diferente a medios de pago diferentes. Especialmente con opciones diferentes del pago en efectivo. Usando tecnologías de Cobro Electrónico de Peaje (ETC en siglas inglesas), los conductores no tienen que pagar en el momento del uso, sino mensualmente con cargo a su cuenta de crédito. Se sugiere que esto, en sí mismo, estimula el uso de carreteras de peaje mucho más que si solo se permitiera el pago en efectivo. Para registrar este efecto, los encargados de modelizar el tráfico hablan de un efecto que llaman «descuento percibido por ETC». Este descuento refleja la percepción de los precios a la baja que supone el pago electrónico y a fin de mes. Nótese que este descuento es completamente diferente y añadido al descuento real que se ofrece en los planes de tarifas ETC.

En un estudio reciente, el descuento percibido por ETC se fijó en un 15% y las tarifas se redujeron a 0,85 veces su valor original. Por supuesto, reducir el precio estimula el uso de una carretera de peaje y hace crecer las cifras de tráfico. Los analistas de crédito deben buscar pruebas que apoyen los descuentos percibidos por ETC en estudios de tráfico si quieren aceptar el uso de peajes reducidos artificialmente en los casos base de previsiones de ingresos.

20. Asumiendo un Periodo de Lanzamiento Instantáneo o Demasiado Corto

Como mencionamos antes, el periodo de lanzamiento o *ramp up* es el periodo de apertura de una nueva instalación de peaje en el que los conductores experimentan las nuevas rutas. Es un periodo caracterizado por un crecimiento fuerte desde un nivel muy bajo y que termina cuando los viajes se estabilizan en pautas a largo plazo. Es muy difícil su predicción partiendo de la profundidad y duración. Los consultores de tráfico suelen estimar un periodo de lanzamiento basado en la intuición o en pruebas demasiado débiles con una rigurosidad cuestionable.

El uso de estimaciones de un periodo de lanzamiento instantáneo o demasiado corto tiene el peligro de inflar las previsiones iniciales de ingresos en un periodo donde los modelos financieros son muy sensibles. Las estimaciones sobre el periodo de lanzamiento o *ramp up* deben ser cuestionadas para entender sus justificaciones. Puede resultar sensato hacer pruebas de sensibilidad usando suposiciones alternativas para asegurarse de que el modelo financiero sigue robusto durante los primeros años de operación y durante el periodo de concesión restante.

21. Ignorando Limitaciones de Capacidad Física u Operacionales

Puede parecer increíble que algunas previsiones sobrepasen la capacidad física de su carretera (partiendo de volumen/carril/hora) pero se ha detectado especialmente cuando las previsiones resultan, no directamente de modelos de tráfico, sino de datos extrapolados del modelo. Generalmente no se tienen en cuenta los costes y las molestias causadas por las obras de ampliación de una carretera. Cambiando las cifras de volumen/hora a volumen/día, se ha observado un fenómeno bastante curioso. Algunas previsiones de tráfico diario (IMD) necesitarían que las carreteras soportasen niveles de congestión similares a los de hora punta más de 12 horas diarias y algunas veces más de 18 horas al día. Estos perfiles claramente no característicos deben provocar que el analista de crédito se cuestione la credibilidad de los mismos.

El desarrollo reciente de carriles controlados con precios dinámicos, sobre todo en Estados Unidos, introduce inquietudes sobre cómo las previsiones pueden exceder la capacidad operativa de una autopista. En algunos carriles controlados, la tarifa se ajusta de acuerdo con el volumen de tráfico que usa la instalación. Cuando sube el uso sube la tarifa, intentando controlar la demanda de tal manera que se pueda ofrecer a los conductores un cierto nivel de servicio. Las previsiones de tráfico de un estudio, recientemente revisado, eran tan altas que hubieran provocado una bajada del nivel de servicio por debajo de los limites marcados en el contrato del concesionario. Esto no se comentó en el informe sobre tráfico e ingresos. Los carriles prioritarios (con o sin peaje) para vehículos de alta ocupación (VAO), y otras iniciativas que, resumidas bajo el concepto de «carriles controlados», son relativamente nuevos y presentan retos metodológicos a los analistas de tráfico. Generalmente, son representados en los modelos de forma muy burda o incompleta, aunque este hecho no suele llamar la atención. Los inversores y analistas de crédito que se interesen por estas nuevas aplicaciones de peaje, deben asegurarse de que los asesores de tráfico expliquen claramente qué se ha conseguido, cómo y, lo más importante, las limitaciones de este éxito.

Comentarios:

La lista de 21 maneras en las que las previsiones de tráfico e ingresos en carreteras de peaje pueden ser infladas no es exhaustiva. Ése no era el propósito. Es puramente indicativa. Hay muchas más, algunas de las cuales son altamente técnicas y requerirían «trabajos forenses» para descubrirlas como, por ejemplo, el cuidadoso posicionamiento de los centros conectores. Otras técnicas son más generales y dependen de oscuros detalles tales como esconder el volumen de tráfico diario que la gente puede entender, proporcionando la cifra de vehículos por km o por año que la gente ya no ve tan clara; o quizás ocultando la relación entre el tráfico e ingresos, indicando simplemente el informe de ingresos del proyecto. De esta forma, el lector no puede formarse una idea de qué cifra y tipo de tráfico paga las respectivas tarifas. Los resultados no pueden ser comparados o razonados con los datos procedentes de otros estudios.

Los buenos consultores de tráfico conocen cómo matizar sus modelos. De esto es lo que trata el modelo de calibrado. En un ambiente donde los precios son comúnmente fijados por la oferta de mayor cifra, este refinado puede dar lugar al abuso. El propósito de la lista no es alarmar a los inversores ni a los analistas de crédito. Es simplemente demostrar que es perfectamente posible aumentar las cifras para los clientes que las quieren aumentadas, e indicar algunas formas o trucos para tener cuidado con estas prácticas.

Aumentar intencionadamente las previsiones de tráfico e ingresos es un engaño, pero no sólo lo es a este respecto. Los analistas de crédito que revisan estudios de carreteras de peaje deberían mantenerse alerta frente a otros dos fraudes potenciales. El primero trata de los tests de sensibilidad. Las sospechas aparecen cuando los tests de sensibilidad limitan los impactos negativos en el tráfico o los ingresos proyectados. Ciertamente, esto puede ser posible debido a las compensaciones naturales u otros mitigantes de riesgo pero no es lo común. Las buenas explicaciones deben estar bien fundamentadas.

El segundo tipo de fraude consiste en el uso de la pseudo-ciencia para intentar inferir una previsión precisa que simplemente no existe y, ciertamente, no puede basarse en las pruebas empíricas revisadas antes. Esta estratagema incluye la presentación de amplios intervalos de confianza en previsiones de casos base y el uso de excesivas probabilidades. Los asesores de tráfico hablan, a veces, en términos de valores de pronósticos de P95, deduciendo que sólo hay un 5% de probabilidad de que ese número (volumen de tráfico o ingresos) no pueda ser alcanzado. Sin embargo, estas excesivas probabilidades no son como aquellas que están asociadas a los fenómenos medibles y científicos como la medida de la velocidad del viento en parques eólicos para cuantificar su rendimiento. En el mejor de los casos, éstos resultan de los intentos de los consultores por transformar su modelo de tráfico en un simple acuerdo probabilístico. En el peor, son simples suposiciones.

Los correctos análisis de estudios de tráfico o ingresos por peaje presentados como probabilidades requieren un buen entendimiento de la construcción del modelo, las variables probabilísticas, sus distribuciones y las correlaciones entre las propias variables. No se debería obtener ninguna tranquilidad a partir de las cifras del P95. Si realmente hubiera una incertidumbre tan pequeña en las previsiones como resulta de algunos tests de sensibilidad, intervalos de confianza y los P95, los asesores de tráfico podrían eliminar las renuncias legales de sus informes y cancelar su seguro de indemnización profesional. Estas acciones no se han observado hasta la fecha.

CUESTIONARIO (EXAMÍNESE USTED MISMO):

Una vez repasado un informe de previsiones de tráfico o ingresos en carreteras de peaje, usted debería ser capaz de responder «sí» a las siguientes cinco cuestiones:

1. ¿Entiendo el significado de pagar un peaje en la zona objeto de estudio? (historia, aplicaciones existentes, soporte político, aceptabilidad pública, etc.).
2. ¿Comprendo la carretera en cuestión? (dónde está, su propósito, sus características, su precio, su contexto de competencia hoy, en el futuro, etc.).

3. ¿Entiendo los datos? (fuentes de datos, mediciones, limitaciones, etc.).

4. ¿Entiendo el mercado? (quién utilizará la carretera, por qué, distribución de usuarios, niveles de ingresos, sensibilidad al precio, condiciones de conducción actuales, etc.).

5. ¿Entiendo el crecimiento? (hipótesis subyacentes, factores clave, periodos de apertura, cómo han sido aplicadas las tasas de crecimiento, etc.).

CONSIDERACIONES FINALES

Los modelos de equilibrio de la red utilizados hoy como base para hacer previsiones de tráfico fueron desarrollados hace 50 años para ayudar en el diseño de los sistemas de autopistas de la posguerra y para la evaluación de los planes de transporte urbano o regional a un nivel estratégico. Con algunos pequeños cambios, estos modelos están siendo aplicados actualmente en carreteras, con un propósito y con un nivel de precisión para los que, simplemente, no estaban preparados en un principio. Han sido utilizados para cálculos de calidad del aire, por ejemplo, pero han resultado deficientes en este ámbito. Las pruebas empíricas presentadas anteriormente sugerían que las mismas conclusiones podían sustentar su uso en la preparación de los detallados proyectos de ingresos por peajes. Sin embargo, representan el estado del arte para los consultores de tráfico y cuando son utilizados, inteligentemente y dentro de sus limitaciones, aportan aproximaciones útiles al posible futuro comportamiento en los viajes y el uso de la red de transporte. Y esto supone una buena noticia.

La mala noticia es que el futuro parece ser incluso más exigente para los modelos de tráfico en carreteras de peaje y para sus autores. Iniciativas como los carriles prioritarios y carriles gestionados con aplicación dinámica de precios requerirán aptitudes de modelización incluso más sofisticadas. Combine esto con el hecho de que las autopistas de peaje, generalmente, continúan siendo un sólido valor para ser ofrecidas como concesiones al sector privado y entenderá la razón por la que a los inversores y a los analistas que actúan en este tema les gustaría conocer lo que sucede en la «caja negra» del modelo de tráfico. De ahí la existencia de esta guía.

En el mundo de los créditos, sin embargo, los informes sobre tráfico e ingresos en carreteras de peaje no son documentos que por sí mismos nos permitan entenderlo todo. Nuestro conocimiento del tráfico necesita establecerse en el contexto más amplio del proceso general de transacciones. En un principio se percibió que la tolerancia al error en la modelización era generalmente baja en el sector de los servicios financieros. Todas las pruebas sugerían que esto no debería ser así.

Los inversores necesitan flexibilidad en el trámite de la transacción para contar con las posibles desviaciones de las expectativas previstas. Esta flexibilidad encuentra, por lo general, su expresión en estructuras de transacción como deudas manejables y razonables, cuentas de reserva adecuadas, fondos de contingencia para eventualidades, ratios de cobertura, apalancando con suficiente participación del capital y utilizando una «cola de proyecto», generando ingresos de proyectos adicionales una vez haya vencido el préstamo. Sin embargo, los proyectos bancarios necesitan apoyarse en proposiciones sonoras y comerciales. La liquidez, activo disponible del proyecto, y el apoyo de esta liquidez es esencial, pero, por sí sola, no hace buenos los malos proyectos.

Esta guía tiene la finalidad de armar a los analistas con información práctica que puede ser utilizada para ayudar a interpretar las previsiones de tráfico e ingresos en carreteras de peaje. Cuando se trata del futuro no es posible eliminar la incertidumbre. Con información y conocimiento sin embargo y manteniendo la cabeza fría, deberíamos ser capaces de convivir con el riesgo, viviendo así un poco más «cómodo».

GLOSARIO

En algunos términos se incluyen también sus siglas en inglés, debido a su uso habitual en literatura técnica.

A

Alineación

Horizontal y vertical de la planta de una carretera o de otro tipo de infraestructura.

Análisis de un tramo seleccionado

Permite entender, con un buen nivel de detalle, los patrones que rigen un viaje en un único tramo de la red del modelo de tráfico. La realización de este análisis a una carretera de peaje (tramo seleccionado) crea una matriz de viaje que describe los orígenes y destinos de los viajeros que usan ese tramo en particular.

Área/tramo de entrelazado

Sección de carretera donde dos o más flujos de vehículos cruzan sus trayectorias mediante maniobras de cambio de carril (sin ayuda de semáforos).

Asignación de equilibrio

Es un algoritmo de asignación de tráfico que tiene en cuenta la acumulación del tráfico y los cambios de duración cuando los tramos son asignados. El algoritmo lo resuelve para que la red de flujo tenga una solución equilibrada. Es decir, el total de la demanda y el rendimiento del sistema están equilibrados en el modelo.

Asignación de viajes

La asignación de viajes implica cargar todos los viajes (desde la matriz de viaje) en la red. Durante la asignación, el modelo itera para encontrar las rutas con costes generalizados más baratos a través de la red.

C

Calibrado

Es el proceso de comparación de los parámetros del modelo de tráfico con observaciones o medidas del mundo real y sus consiguientes ajustes para asegurar que el modelo representa de la forma más fiable posible el tráfico actual. La típica calibración compara el modelo de flujos de tráfico con el tráfico en tramos específicos o la relación tiempo/velocidad modelizada con la recogida en estudios de observación.

Capacidad

El flujo máximo sostenible (vehículos/hora) que circula en un determinado punto o en un tramo de carretera durante un periodo definido, en relación con las condiciones de tráfico y de la propia carretera.

Carriles gestionados (o controlados)

Se designa de esta manera a las vías de tráfico que utilizan un tipo de estrategia de gestión del tráfico como la variabilidad de los precios (como el peaje variable a tiempo real), la medida o el control de accesos para un uso más eficiente de la capacidad existente.

Carriles para vehículos de alta ocupación en peajes (HOT en inglés)

Derivación de los carriles HOV (v. más abajo). Carriles reservados en los que los vehículos de baja ocupación pueden utilizar pagando mientras que los de alta ocupación circulan gratis o con un descuento.

Carriles para vehículos de alta ocupación (VAO. HOV en inglés)

Carriles reservados para el uso exclusivo de vehículos con un número mínimo definido de ocupantes (>1) así como coches compartidos, furgonetas, mini-buses y autobuses. Denominados como HOV2+ o HOV3+.

Centroide

Punto asumido de una zona que representa el origen o destinos de todos los viajes hacia o desde la zona.

Clasificación funcional

Es la clasificación del conjunto de carreteras y calles dentro de las clases acordadas en relación con las características del servicio para el que están pensadas.

Cobro Electrónico de Peaje (ETC en siglas inglesas)

Es un sistema electrónico que recauda los peajes sin ser necesaria la parada de los vehículos equipados con una «etiqueta» electrónica. Implica una comunicación de radio bidireccional entre el vehículo móvil y el pórtico o sensores a un lado de la carretera. Compuesto de tres subsistemas: uno para identificar el vehículo, otro para clasificarlo y el último para detectar infractores y que cumplan las normas.

Coche compartido

Trato por el cual la gente comparte el uso y el coste de un coche privado cuando viajan hacia y desde unos puntos acordados.

Conectores del centroide

Son los enlaces conectores del centroide a las redes de carreteras. Todas las calles de menor importancia que conectan las casas, oficinas y/o fábricas en una zona con la red modelizada están incluidas en uno de los conectores de cada centroide.

Colectores/distribuidores

Carretera situada entre y paralela a las principales vías de carreteras y sus calles locales o carreteras comarcales. Controla el acceso y suaviza el movimiento de tráfico entre las principales vías de carretera y sus carreteras comarcales. También reduce el entrelazado y aumenta la capacidad de las principales vías.

Cordón

Línea imaginaria dibujada cruzando una zona. Los volúmenes en los cruces de tramos que atraviesan el cordón son contabilizados para saber la cantidad de viajes que entra y sale de una zona.

Coste generalizado

Suma de los costes del viaje, los cuales incluyen gastos monetarios y el coste del tiempo de viaje. Es decir, el tiempo de viaje expresado como un gasto económico. Una de las claves de la distribución y asignación de viajes en modelos de tráfico.

Curva de indiferencia

Gráfico de demanda relativa para dos rutas alternativas (quizás una de ellas de pago) para la cuales la utilidad derivada es la misma y por lo tanto los conductores no tienen preferencia de elección.

D

Día/mes neutro:

Cuando se habla de estudios de transporte, un día neutro es aquel que resulta típico hablando de modelos de viajes y de condiciones de tráfico (próximas al promedio). El domingo no se considera día neutro. De igual modo, agosto y diciembre no son meses neutros. Los estudios llevados a cabo en días/meses no neutrales no serán representativos y esto repercutirá en la precisión del modelo.

Disposición a pagar

Cantidad que un individuo está dispuesto a pagar para adquirir un bien o servicio (por ejemplo, utilizar una carretera de peaje). El bien o servicio puede ser cualquiera que pueda, bien de mercado o no, ser comprado o vendido. La disposición a pagar varía en relación con el nivel de ingresos.

Disuasión

Como en una «función de disuasión». Una medida del freno a viajar debido a una separación espacial podría ser una composición de distancia y tiempo de viaje. Conocido también como impedancia.

Distribución de viajes

La distribución de viajes (segundo paso en el modelo tradicional de las cuatro etapas) hace coincidir los extremos de los viajes, es decir, la demanda de viaje hacia/desde cada zona calculada en la etapa de Generación de Viaje. Los viajes generados para cada zona son distribuidos en un conjunto de zonas de destinos. El modelo determina, para cada desplazamiento de cada zona, a qué zona llegara cada desplazamiento.

E

Elasticidad (de la demanda)

Es una medida de la sensibilidad de la demanda en una carretera de peaje (o producto) a un cambio de precio. Es igual a la variación porcentual de la demanda de una carretera de peaje que resulta de un cambio de un 1% en el precio. A mayor elasticidad, mayor sensibilidad al precio tiene la demanda.

Elección de modo:

Cuando se asignan viajes a una red, el modelo de tráfico tiene que asignar estos viajes a los diferentes modos de transporte disponibles para los viajeros; ésta es la elección del modo. La elección del modo viene determinada principalmente por el coste generalizado (los viajeros eligen la opción disponible de menos coste) y disponibilidad familiar de coche. Si no hay competencia frente a una carretera de peaje (bien ahora o en el futuro), la elección del modo puede ser ignorada y un modelo de vía única puede sustituir a los modelos multimodales.

Entrevistas y encuestas en carreteras (RSI en inglés)

El RSI implica parar a conductores (o preguntar a los que ya están parados) y hacerles preguntas principalmente sobre la localización de su origen y el destino de su viaje actual. Esta información es posteriormente atribuida a zonas (codificada).

Espira de detección

Detector dentro de la carretera (espira inductora) que «siente» el paso o presencia de un vehículo cerca del sensor.

Estimación matricial

Las matrices de viajes aportan un marco para representar cualquier movimiento de origen-destino en un área de estudio (por ejemplo, Madrid). Sin embargo, no es posible obtener información sobre toda la gente de Madrid y los viajes que hacen. Los datos de la medición son recogidos de una muestra representativa de viajeros y estos datos sirven para representar la matriz completa. Por tanto, la matriz entera está basada en datos de estudios.

Extremos de viaje

Cada viaje en el modelo tiene dos extremos; una zona de origen y una zona de destino. En una matriz de demanda, un conjunto de extremos de viaje es obtenido por la suma de los totales de cada fila para dar el número de viajes que sale de cada zona. Los totales de las columnas representan el número de viajes que llegan cada zona.

F

Factor de hora punta. (K-Factor)

Es un factor que refleja la proporción diaria de tráfico que tiene lugar o que se espera que tenga lugar en hora punta.

Factor de pico en hora punta

El volumen por hora (durante la hora del día de máximo volumen) dividido por el flujo en los 15 minutos pico. Una medida de la fluctuación de la demanda de tráfico en la misma hora punta.

Factores de expansión (anualización)

Elementos utilizados para expandir los datos de los períodos de tiempo como modelo para representar un año completo.

Floating Car

Es un método de recopilación de datos basado en un automóvil de inspección conducido a una velocidad preestablecida en un flujo de tráfico. Se usa principalmente para recoger datos de tiempo y velocidad del viaje.

Furness

Es un método de modificación de la matriz usado para extrapolar la distribución del viaje basado en los factores de crecimiento zonal y en el ajuste proporcional iterativo. Es conocido también como «algoritmo Fratar».

G

Generación de viaje

La generación del viaje es el proceso por el cual se calcula el número de viajes producidos por y, separadamente, atraídos a cada zona en el modelo. El extremo de producción, origen de viaje, refleja la composición de los hogares, ingresos, propiedad de vehículos en una zona particular. El extremo de atracción, destino de viaje, refleja niveles de empleo en la zona.

Grado de separación

Separación vertical entre intersecciones de carreteras, transcurriendo un flujo de tráfico sobre otro, por lo que los movimientos cruzados (de otro modo habría conflictos) están a diferentes niveles.

I

Inutilidad de viaje

Una medida de insatisfacción percibida por el consumidor que se utiliza en el modelo de tráfico y en el económico como el coste de hacer un viaje.

Iteración

Asignación de viaje que asegura que cada viaje, en los modelos de tráfico, toma la ruta de menor coste generalizado entre su origen y destino. Para hacer esto, el modelo prueba numerosas combinaciones de rutas. Cada una de estas pruebas es una iteración del modelo. Las sucesivas iteraciones llevan al punto donde los modelos adquieren el equilibrio, «convergen».

L

Línea de deseo

Una representación gráfica de la demanda de viaje entre dos puntos, dibujada como una línea recta desde el origen hasta el destino. El ancho de la línea será escalado para reflejar la fuerza de la demanda.

Línea de referencia. *Screenline*

Es una línea imaginaria que cruza un número de carreteras, normalmente paralelas, delimitando un área para crear una imagen de combinaciones de viajes a lo largo de un corredor, en oposición a los estudios basados en una sola vía.

M

Manual de Capacidad de Carreteras

En Estados Unidos, directrices y procesos estándar para el diseño y análisis de la capacidad de carreteras e intersecciones.

Matriz

Una matriz (matriz de viajes o tabla de viajes) es una representación tabular que muestra el número de viajes entre cualquier origen y destino en un modelo de tráfico.

Media anual del tráfico diario

Tráfico total por año dividido por 365. También conocido como **Intensidad Media Diaria (IMD)**

ME2

Estimación matricial de entropía máxima. Una técnica eficiente, y particularmente efectiva, en relación con el coste, para estimar o actualizar las matrices de viajes basadas en el recuento del tráfico observado.

Microsimulación

La modelización individual de los movimientos de vehículos con el propósito de evaluar los cambios del tráfico —a un nivel de detalle— de carreteras o intersecciones.

Modelo de año base

Línea de base frente a cualquier previsión que pueda ser mal tomada. El modelo de año base proporciona una representación del sistema de transporte y los patrones de viaje tal y como existen hoy en día.

Modelo de gravedad

Modelo de interacción (ej. viajes) entre dos poblaciones basado en la ley de Newton. Dos cuerpos en el universo son atraídos entre sí en proporción al producto de sus masas e inversamente proporcional al cuadrado de la distancia entre ellos.

Modelo de probabilidad
v. **Simulación de Monte Carlo**.

Modelo estratégico de tráfico

Un modelo de tráfico estratégico (frente a uno detallado) se centra en los movimientos clave estudiando un área usando sólo las principales carreteras. El modelo no trata de representar las carreteras de menor importancia en las redes

Modelo *Logit*

Modelo de elección que asume que un individuo maximiza la utilidad en la elección de las alternativas disponibles. En un modelo de tráfico, la función *logit* calcula la propensión por utilizar una carretera de peaje en función de la relación de costes o el tiempo de viaje entre la de peaje y la que no es de peaje.

Modo

Forma particular de transporte/viaje: coches, vehículos de mercancías ligeros, vehículos de mercancías pesados, autobuses y trenes (incluyendo metros y tranvías). Andar e ir en bicicleta son modos de transporte también, pero son irrelevantes en el contexto de los estudios de carreteras de peaje. El término «intermodal» hace referencia a las conexiones entre modos. El término «multimodal» hace referencia a la disponibilidad de opciones alternativas de transporte.

Motivo del viaje

El motivo que lleva a una persona a hacer un viaje. En los modelos de tráfico los propósitos de los viajes son comúnmente divididos en las siguientes categorías:

• **Domicilio-trabajo:** viajar del domicilio al trabajo y volver

• **Domicilio-otro lugar:** viajar del domicilio a otra localización que no es el trabajo (ej. compras u ocio)

• **Domicilio-motivos de trabajo:** viajar del domicilio a un destino en tiempo de trabajo cuando el tiempo de trabajo comienza en el momento de salir del domicilio.

• **Motivos de trabajo:** viaje durante el tiempo de trabajo (ej. Asistir a una reunión de negocios)

• **Otros:** viajar desde un lugar que no es el domicilio a un destino, como ir desde el trabajo a comprar durante la hora de la comida

N

Nivel de servicio (LOS en inglés)

Es una medida cualitativa (de la A a la F) que refleja las condiciones de funcionamiento en una carretera y la percepción de la misma por parte de los conductores. Refleja velocidad, tiempo de viaje, libertad de maniobra, interrupciones del tráfico, comodidad y conveniencia. Nivel A representa las condiciones de un flujo libre. Nivel F refleja una circulación forzada a bajas velocidades y con muchas interrupciones.

Nodo

Un nodo es una conexión entre tramos de una carretera en el modelo de tráfico y es frecuente —aunque no siempre— que coincidan con intersecciones o nudos de carreteras donde se pueden producir congestiones debido al tráfico que cambia de un tramo a otro.

P

Peaje en sombra

Pagos hechos por el gobierno (en comparación con los que hacen directamente los usuarios de carreteras) a los operadores del sector privado de carreteras de peaje, al menos en parte, sobre el número de vehículos que utilizan las carreteras.

Pelotón

Vehículos que circulan juntos, como un grupo (o convoy), a lo largo de un tramo a causa de los semáforos o de la geometría de la carretera.

Periodo de Lanzamiento (*Ramp-up*)

El periodo de lanzamiento o *ramp-up* es el periodo tras la apertura de una carretera de peaje caracterizado por el fuerte crecimiento de uso —desde una base baja— durante el cual los viajeros van acostumbrándose a la nueva instalación y a sus características

Preferencias declaradas

Los métodos de las preferencias declaradas son ampliamente usados en investigaciones de comportamientos de viajeros para identificar cómo responde el consumidor a la hora de elegir entre situaciones que no son reveladas en el mercado. La técnica de las preferencias declaradas se basa en estimaciones de un análisis de respuestas ante elecciones hipotéticas o reales.

Preferencia revelada

Las preferencias de un individuo que son determinadas a través de la observación de una elección real y los atributos asociados a ella. Comparar con **Preferencia declarada**.

Puntuación GEH

Usado en el modelo de calibrado, este parámetro estadístico de bondad de ajuste mide la diferencia entre los flujos de tráfico modelados y los conteos de tráfico real, tomando las contabilizaciones específicas de la magnitud absoluta de los conteos. El mejor resultado será la puntuación GEH más cercana a cero.

R

Ratio Volumen-Capacidad (V/C)

Relación entre el flujo de vehículos de una carretera y la capacidad de la misma. El ratio V/C es una medida de la congestión (o, alternativamente, de la suficiencia de capacidad de la carretera). Puede ser utilizada para definir áreas problemáticas (zonas calientes) en una red de autopistas. Ratios inferiores a 0,5 indican tráfico fluido. Entre 0,5 y 0,8 reflejan tráfico lento. Por encima de 0,8 indican paradas intermitentes y cuando el ratio alcanza 1,0 refleja congestión.

Red

La red de carreteras tal y como se refleja en el modelo de tráfico, representado a través de una serie de tramos (enlaces) y de nodos.

Relación velocidad/flujo

Describe cómo varía la velocidad a lo largo de un tramo con un flujo determinado. Permite que se puedan calcular los tiempos de trayecto para un volumen dado de flujo de vehículos. De mayor uso fuera de áreas urbanas. Dentro de las zonas urbanas los tiempos de trayecto son influenciados más por las intersecciones y la capacidad de las mismas.

S

***Software* de Capacidad de Carreteras (HCS en inglés)**

Aplicación de *software* del Manual de Capacidad de Carreteras de Estados Unidos.

Simulación Monte Carlo:

En condiciones normales, la simulación Monte Carlo puede ser útil para modelizar fenómenos con una importante incertidumbre en las variables de entrada. En lugar de usar estimaciones basadas en las variables de entrada se definen partiendo de distribuciones de probabilidad. La variable de salida (por ejemplo, el flujo en un punto de peaje en un periodo de tiempo dado) será presentada igualmente como una distribución de probabilidad en vez de como una única cifra.

T

Tasa de captura
Proporción de los usuarios que eligen usar una carretera de peaje.

Tramo
En un modelo de tráfico, un tramo representa una sección de carretera y sus características como longitud, número de carriles, capacidad, velocidad en un flujo libre y la relación velocidad/flujo (v. arriba). Los tramos son definidos por un nodo de inicio y otro de fin (v. arriba).

Tabla de viaje
V. Matriz.

Tráfico inducido
V. Tráfico generado.

Tráfico objetivo
Es el mercado de una carretera de peaje. Desplazamientos en una zona de estudio que podrían, dadas las circunstancias correctas, producirse en la carretera de peaje. Comparado con **Captura de Mercado**: desplazamientos que usarían la carretera de peaje.

Tráfico generado
Viaje adicional derivado de una mejora del transporte, por ejemplo la construcción de una nueva carretera, que de otra manera no habría ocurrido. Conocido como «tráfico inducido».

U

Unidad equivalente de turismos (*Passenger Car Unit*, PCU)
Una medida que implica la conversión de diferentes tipos de vehículos en turismos (vehículos ligeros de pasajeros) equivalentes partiendo de características de operatividad. Un

camión tendría un rango PCU de 2,5. Lo que significa que ocupa 2,5 veces más espacio que un turismo convencional.

Utilidad:
Valor que le da a la alternativa elegida el que toma una decisión frente a otra. La toma de decisión racional se supone que persigue maximizar la utilidad (por ejemplo, la elección de una particular ruta en un viaje).

V
Validación
La validación es el proceso de comprobación de la precisión del modelo de calibrado. Debería llevarse a cabo utilizando datos obtenidos del propio proceso de calibrado. La validación determina si un modelo de tráfico se ajusta al propósito mediante la comparación de las predicciones de los modelos con las observaciones o mediciones.

Valor del ahorro de tiempo de viaje (VTTS en inglés)
Valor monetario atribuido a la posibilidad de ahorrar una determinada cantidad de tiempo de viaje. Es el beneficio más importante a la hora de justificar las inversiones en infraestructuras de transporte ante las administraciones públicas y el concepto clave en los estudios de demanda de las autopistas de peaje.

Vehículo de un único ocupante (SOV en inglés)
Vehículo privado en el cual el conductor es el único ocupante.

Vehículos milla (VMT en inglés)
Medida del total de viajes calculados multiplicando el número total de vehículos por la respectiva distancia que hayan recorrido.

Velocidad de flujo libre
Es la velocidad del tráfico sin interrupciones cuando no hay o hay pocos vehículos presentes.

Velocidad de diseño

La velocidad máxima de seguridad que puede ser mantenida a lo largo de un tramo de una carretera. Dictará el estándar de diseño geométrico a usar. Difiere de la velocidad fijada, el límite de la velocidad legal.

Viaje externo

Es un viaje en el que su origen o su destino permanecen fuera del área de estudio.

Viaje interno

Viaje en el cual tanto el origen como el destino están en el área de estudio.

Z
Zona:

El área de estudio de un modelo de tráfico está dividida en zonas separadas basándose en el uso homogéneo de las mismas. Las zonas pequeñas tienden a ser usadas en áreas urbanas de alta ocupación y muy cercanas al foco del modelo (la carretera de peaje). Las zonas amplias se utilizarán en áreas rurales alejadas del foco del modelo. En un modelo de tráfico para una autopista de peaje en Escocia, por ejemplo, Inglaterra puede ser representada como una o dos zonas amplias. No se requiere un mayor detalle. Los grandes o inusuales generadores de demanda de viajes, como centros comerciales o aeropuertos, pueden tener asignada su propia zona. Los límites de las zonas tienden a seguir los accidentes naturales como son los ríos y/o lo concordante con las áreas administrativas. Por ejemplo, áreas censales. Una zona es donde empieza o acaba un viaje.

Zona de análisis de tráfico (TAZ en inglés)

En Estados Unidos, una zona de análisis de tráfico es una zona especial para tabular datos relacionados con el tráfico. En particular, estadísticas sobre desplazamientos laborales y lugar de trabajo. Normalmente, consta de uno o más bloques de censo, grupos y secciones censales.

BIBLIOGRAFÍA

BAIN R and WILKINS M: *The Evolution of DBFO Payment Mechanisms: One More for the Road*, Standard & Poor's, London, 2002.

BAIN R and WILKINS M: *The Credit Implications of Traffic Risk in Start-Up Toll Facilities*, Standard & Poor's, London. 2002.

BAIN R and PLANTAGIE J W: *Traffic Forecasting Risk: Study Update 2003*, Standard & Poor's, London. 2003.

BAIN R and PLANTAGIE J W: *Traffic Forecasting Risk: Study Update 2004*, Standard & Poor's, London. 2004.

BAIN R and POLAKOVIC L: *Traffic Forecasting Risk Study 2005: Through Ramp-Up and Beyond*, Standard & Poor's, London, 2005.

Barton-Aschman Associates Inc. and Cambridge Systematics Inc.: *Model Validation and Reasonableness Checking Manual*, prepared for the Travel Model Improvement Program, Federal Highways Administration, 1997.

BEIMBORN E, KENNEDY R and SCHAEFER W: *Inside the Blackbox: Making Transportation Models Work for Livable Communities*, Citizens for a Better Environment, 1996.

BOYCE D: *Forecasting Travel on Congested Urban Transportation Networks: Review and Prospects for Network Equilibrium Models.*

TRISTAN V: The Fifth Triennial Symposium on Transportation Analysis, Le Gosier, Guadeloupe, Junio 13 y14, 2004.

BRINKMAN P A: *The Ethical Challenges and Professional Responses of Travel Demand Forecasters*, PhD dissertation, University of California, Berkeley, 2003.

BROWNSTONE D and SMALL K: *Valuing Time and Reliability: Assessing the Evidence from Road Pricing Demonstrations*, Transportation Research Part A, Policy and Practice, 2005, 39(4), pp.279-293.

Department of Transport: *8th Scheme Forecast Monitoring Report*, Department of Transport, UK, 1995.

Fitch Ratings: *Challenges of Start-Up Toll Roads*, Project Finance Special Report, 1995.

Fitch Ratings: *Global Toll Road Rating Guidelines*, Criteria Report, 2007.

FLYVBJERG B, BRUZELIUS N and ROTHENGATTER W: *How (In)accurate are Demand Forecasts in Public Works Projects?*, Journal of American Planning Association, 2005, Volume 71, No. 2, American Planning Association, Chicago, IL.

GIGLIO, J: *Why Governments Lie – Why Governments ALWAYS Lie About the Cost of Public Work Projects – and Why People Want Them To*, The American Outlook. Ideas for the Future, 1998, Vol 1.

HENSHER D and GOODWIN P: *Using Values of Travel Time Savings for Toll Roads: Avoiding Some Common Errors*, Transport Policy, 2003, 11(2), pp.

171-181, ISSN 0967070X.

LEMP J and KOCKELMAN K: *Understanding and Accommodating Risk and Uncertainty in Toll Road Projects*, 2008, submitted for presentation at the 88th Annual Meeting of the Transportation Research Board, 11-15th January 2009, Washington DC.

LI Z and HENSHER D: *Toll Roads in Australia*, Institute of Transport and Logistics Studies, University of Sydney, March, 2009.

MACKETT R: *Why Are Travel Demand Forecasts So Often Wrong (and Does it Matter)?*, UTSG Annual Conference, January 1998, Dublin.

MIERZEJEWSKI E: *Recognizing Uncertainty in the Transportation Planning Process: A Strategic Planning Approach*, TRB 76th Annual Meeting, January 12-16 1997, Washington DC.

Moody's Investor Service: *Rating Methodology: Start-Up Toll Road*, 2000.

Moody's Investor Service: *Rating Methodology: Operational Toll Roads*, 2006.

MORGAN J P: *Examining Toll Road Feasibility Studies*, Municipal Finance Journal, Volume 18, No. 1, Primavera 1997.

MULLER R and BUONO K: *Start-Up Toll Roads: Separating Winners from Losers*, Municipal Credit Monitor, J P Morgan, New York NY, 2002.

MURPHY J, ALLEN P, STEVENS T and WEATHERHEAD D: *A Meta-Analysis of Hypothetical Bias in Contingent Valuation*, Environmental and Resource Economics, 2005, 30(3): pp.313-325.

ORTÚZAR J and WILLUMSEN L G: *Modelling Transport*, Third Edition, Wiley, Chichester, 2001.

PAVITHRA P and LEVINSON D: *Post-Construction Evaluation of Traffic Forecast Accuracy*, Department of Civil Engineering, University of Minnesota, Minneapolis MN, 2008.

Standing Advisory Committee on Trunk Road Assessment: *Trunk Roads and the Generation of Traffic*, HMSO, London, 1994.

State of Florida Department of Transportation: *Project Traffic Forecasting Handbook*, 2002.

Transportation Research Board: *Estimating Toll Road Demand and Revenue: A Synthesis of Highway Practice*, NCHRP Synthesis 364, Transportation Research Board, Washington DC, 2006.

Transportation Research Board: *Metropolitan Travel Forecasting: Current Practice and Future Direction*, Special Report 288, Transportation Research Board, Washington DC, 2007.

URS: *The Long-Term Projection of Traffic and Revenues for Equity Analysis Purposes*, Toll Studies Group, URS Corporation, 2006.

VASSALLO J M: *Why Traffic Forecasts in PPP Contracts are Often Overestimated?*, EIB University Research Sponsorship Programme, EIB, Luxembourg, 2007.

Washington State Transportation Commission: *Limitations of Studies to Advance Toll Projects*, Washington State Comprehensive Tolling Study, 2006, Final Report, Volume 2, Background Paper 6.

ZHAO and KOCKELMAN K M: *The Propagation of Uncertainty Through Travel Demand Models: An Exploratory Analysis*, Annals of Regional Science, 2002, 36(1).

APÉNDICE A

CATÁLOGO DE RIESGOS DE TRÁFICO DE STANDARD & POOR´S

Características del proyecto	Catálogo de Riesgo del Tráfico	
	1 2 3 4 5 6 7 8 9 10	
Tipo de peaje	Peaje en la sombra	Peaje pagado por usuarios.
Cultura de peaje	Larga tradición de carreteras de peaje	Sin carreteras de peaje en la zona.
Subida de tarifas	Los aumentos de tarifa no necesitan la aprobación del Gobierno.	Todas las subidas de tarifas requieren la aprobación del Gobierno.
Horizonte de previsión	Se requiere previsión a corto plazo	Se requiere previsión a largo plazo (>30 años)
Detalles de la infraestructura	Infraestructura ya operativa	Infraestructura en las primeras etapas de planificación.
	Cruce de río/estuario.	Redes urbanas con alta densidad.
	Extensión de carreteras existentes.	Nueva construcción en zonas abiertas
	Geometría correctamente proyectada (incluyendo puntos de peaje e intersecciones)	Objetivos confusos (no basados en preferencias de potenciales usuarios)
	Diseño: Siguiendo criterios económicos	Diseño: Siguiendo criterios políticos
	Firme disposición de la futura red de autopistas.	Diferentes proyectos de ampliaciones de la red de carreteras.
	Corredor congestionado.	Limitada/nula congestión.
	Pocas rutas alternativas	Muchas rutas alternativas.
	Clara ventaja competitiva	Débil ventaja competitiva.
	Sólo carreteras alternativas.	Alternativas multi-modales.
	Infraestructuras independientes/autosuficientes	Dependencia de otros proyectos.
	Enlaces de conexión de buena calidad y alta capacidad	«Corra y espere»

	Protección «activa» frente a la competencia (p. ej. prohibiciones de camiones, calmado de tráfico)	Autoridades autónomas pueden hacer lo que ellas quieran (¡y lo hacen!).
Recopilación de datos/encuestas	Fácil de recopilar (existen leyes).	Dificultades para conseguir datos.
	Actualizado.	Información histórica.
	Parámetros calibrados localmente.	Parámetros importados de cualquier otro lugar (¿incluso otro país?)
	Estudios existentes y ampliamente usados	Los estudios deben comenzar desde cero sin ningún marco en el que apoyarse
	Investigadores y encuestadores con experiencia.	Sin hábito de recopilar información.
Usuarios: Privado	Sectores de Mercado transparentes.	Segmentos de Mercado no transparentes.
	Orígenes y destinos concentrados	Múltiples orígenes y destinos.
	Dominancia de un único motivo de viaje (ej.: viajes al trabajo, aeropuerto)	Múltiples motivos de viaje.
	Altos ingresos, mercado sensible a las oportunidades.	Mercado de ingresos medios/bajos.
	Tarifas de peaje en proporción con la infraestructura ofrecida.	Tarifas de peaje más altas de lo normal.
	Estructura de peaje sencilla.	Estructura de peaje compleja (descuentos locales, usuarios frecuentes).
	Perfil de demanda monótono (hora del día, día de la semana...)	Perfil de demanda punta y/o altamente estacional.
Usuarios: comercial	Las flotas pagan peaje.	Los autónomos pagan peaje.
	Ahorros de tiempo y de costes de operación bien definidos	Ventaja competitiva confusa.

	Fácil elección de rutas.	Complicada elección de rutas.
	Estricta normativa de limitaciones de peso.	Habitual uso de camiones con sobrecarga.
Macro-entorno	Economía fuerte, estable.	Economía débil/de transición.
	Planificación estricta de los usos del suelo	Planificación débil, con ausencia de controles y obligaciones
	Crecimiento de población estable y predecible.	Crecimiento de población dependiente de diversos factores.
Crecimiento del tráfico.	Dependiente de factores existentes, establecidos y predecibles	Confianza en factores futuros, nuevos desarrollos, cambios estructurales...
	Alta tasa de vehículos en propiedad	Baja/creciente tasa de vehículos en propiedad.

APÉNDICE B

CATALOGO DE RIESGOS DE TRÁFICO: EJEMPLO RESUELTO

En este ejemplo resuelto, las líneas horizontales representan los niveles de exposición de los inversores a cada categoría de riesgo.

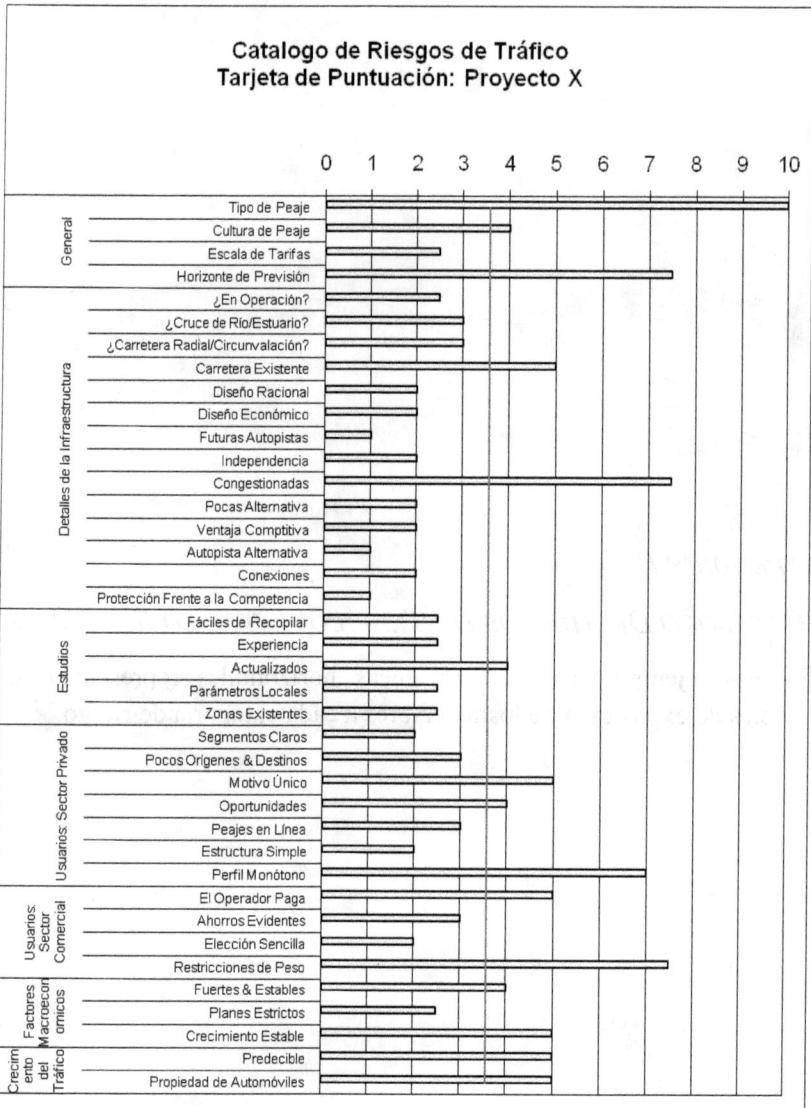

APÉNDICE C

CATALOGO DE RIESGOS DE TRÁFICO: EJEMPLO RESUELTO

En este ejemplo resuelto, los consultores de tráfico han extendido la tabla del Catálogo de Riesgo de Tráfico para incluir, al lado de los resultados de riesgo, comentarios que reflejan su justificación para cada resultado obtenido.

Característica s del proyecto	Índices de Riesgo del Tráfico											Carretera de peaje	
		1	2	3	4	5	6	7	8	9	10	Result ado del riesgo	Comentarios
Tipo de peaje	Peaje en la sombra						Peajes pagados por los usuarios.					8	Sensible a la disposición a pagar.
Cultura de peaje.	Carreteras de peaje bien establecidas-datos de uso actuales disponibles.						Sin carreteras de peaje en el país-incertidumbre sobre la aceptabilidad del peaje.					7	Sólo existen en la actualidad dos tramos de autopista de peaje
Escala de tarifas	Establecimien to de tarifas flexibles/plan es de aumento, sin la aprobación del Gobierno.						Todas las subidas de tarifas requieren aprobación.					6	El Gobierno tiene poderes para bajar las tarifas de peaje.
Horizonte de previsión	Se requieren previsiones a corto plazo.						Se requieren previsiones a largo plazo (+30 años)					7	Previsiones de más de 30 años desde el comienzo del año de apertura.
Detalles de la infraestructura.	En operación.						En las primeras etapas de la planificación					5	Autopistas de peaje parcialmente abiertas pero actualmente libres de peaje.
	Cruce ríos/estuarios						Redes urbanas, densas.					5	Esta es una autopista interurbana.
	Corredores radiales en áreas urbanas.						Circunvalaciones en zonas urbanas.					4	Conecta rutas radiales entre ciudades.
	Ampliaciones de carreteras existentes.						Emplazamiento en zonas abierta.					4	Parte de mejoras en corredores existentes/parte en zonas abiertas.

Índices de Riesgo del Tráfico			Carretera de peaje
Diseño racional, (incluyendo puestos de peaje e intersecciones).	Objetivos confusos de la carretera (sin conocimiento de los destinos clave)	2	Diseños ya establecidos con modelos de tráfico probados.
Diseño basado en criterios económicos	Diseño basado en criterios políticos	5	Corredor norte-sur bien establecido.
Claro conocimiento de la futura red de autopistas.	Existen muchas opciones para las ampliaciones de la red.	3	Información sobre programas de carreteras proporcionada por el Gobierno.
Infraestructura independiente y autosuficiente	Dependencia de otras propuestas de mejora de autopistas.	3	Los enlaces son prioridades de financiación del Gobierno.
Corredores altamente congestionados.	Limitada/nula congestión	5	Congestión localizada en las proximidades de la ciudad y sus intersecciones.
Carreteras poco competitivas	Muchas rutas alternativas	4	La competencia entre rutas alternativas se ve dificultada por la limitada capacidad y la congestión urbana.
Clara ventaja competitiva.	Ventaja competitiva débil.	3	Significativos ahorros de tiempo.
Competencia únicamente entre autopistas.	Competencia multimodal.	2	Competencia del ferrocarril muy poco importante.

Apéndices

Índices de Riesgo del Tráfico			Carretera de peaje
Buenas conexiones; de alta capacidad.	«Corra y espere»	2	Conexiones con otras autopistas interurbanas, variantes en áreas urbanas.
Protección activa frente a la competencia (ej.: prohibiciones de camiones, calmado de tráfico)	Autoridades autónomas; pueden hacer lo que quieran (¡y lo hacen!).	4	Prohibiciones de camiones a lo largo del corredor. Radares de velocidad en uso.
Fácil de recopilar (existen leyes).	Difícil/peligroso de recopilar.	3	El mal tiempo es el principal inconveniente para recopilar datos.
Investigadores con experiencia.	Sin hábito de recopilar información.	2	Se utilizan especialistas experimentados

Estudios/recopilación de datos

112

APÉNDICE D

SUGERENCIA DE ÍNDICE DE UN ESTUDIO DE TRÁFICO E INGRESOS PARA INVERSORES

ÍNDICE (número indicativo de páginas entre paréntesis)

Resumen ejecutivo (5)

1.   Introducción (5)
-    Resumen descriptivo del proyecto/plan. Mapas de apoyo (simples). ¿Qué «producto» se ofrece exactamente a los conductores?
-    Bases de planificación. Historia resumida. Apoyos y/o polémicas en relación con el plan.

2.   Revisión del mercado (10)
-    Defina/describa el área de estudio/influencia. Usos predominantes de la zona. Datos demográficos.
-    Características de la oferta. Contexto competitivo de las infraestructuras, hoy, mañana, competencia multimodal. Riesgo de provisiones.
-    Características de demanda. Flujos/volúmenes clave. Movimientos de origen-destino clave. Distribución temporal. Motivo de viaje. Distribución del tráfico. (ligeros, pesados...)

3.   Metodología de estudio (5) (Incluya los apéndices/anejos técnicos necesarios)
-    Visión general «no técnica» (¿diagrama de flujos?). Aproximación al modelo. ¿Por qué? *Software* utilizado. ¿Por qué?
-    Sistema de zonificación. Descripción y razones de la definición/uso. Fortalezas/debilidades.
-    ¿Qué periodos de modelización se consideran? ¿Por qué? ¿Cómo se tiene en cuenta los periodos no modelizados?
-    Limitaciones y/o riesgos asociados a la metodología de estudio

4.   Datos de estudios (y/o datos de entrada) (5)
   –   Definición del programa estudios/encuestas. ¿Por qué? Limitaciones.
   –   Otras fuentes de datos. ¿Integridad/Fiabilidad?

5.   Calibrado/validación del modelo de año base (5)
   –   Métodos de calibrado/validación. ¿Por qué? ¿Se ajustan los volúmenes en cada línea de referencia? Mapas de apoyo. Tiempos y velocidades de viaje. Calibrado origen-destino. Uso de la estimación de matrices. ¿Cómo?
   –   Calibrado/validación de los resultados.
   –   Debilidades/limitaciones y sus implicaciones.

6.   Tráfico & Previsiones de ingresos (10)
   –   Años modelizados frente a los interpolados/extrapolados. Cambios en la red.
   –   Estimaciones de crecimiento. ¿Cómo se ha incorporado el crecimiento? ¿A qué nivel? ¿Por qué?
   –   Tabla resumen de las hipótesis de modelización (con justificaciones).
   –   Explicación clara de la relación entre el tráfico y las previsiones de ingresos (¿cifras reales/nominales?).
   –   Presentación de resultados.

7.   Tests de sensibilidad/análisis de escenarios (10)
   –   Sincera descripción de las incertidumbres del modelo, ¿cuántas variables y cómo de inciertas?
   –   Tests de sensibilidad/ análisis de escenarios y resultados.
   –   Simulación de Monte Carlo (si es utilizada). Variables, distribuciones, justificaciones, correlaciones y crítica.

Apéndices
   –   Añadir cualquier material de apoyo (especialmente documentación técnica).

ACERCA DEL AUTOR

Robert Bain es un Ingeniero Civil Colegiado. Fue consultor de tráfico e ingresos durante 15 años, dirigiendo los estudios de viabilidad de las carreteras de peaje internacionales para inversores y para las agencias del sector público. Hasta hace poco se dedicó a los servicios financieros como analista de crédito con Standard & Poor's, trabajando en la agencia de Evaluación Financiera de Infraestructuras durante 5 años. Como Director del Equipo de Transporte de Londres, fue responsable de los créditos en los sectores de carreteras, ferrocarriles, aeropuertos y autobuses.

Robert consiguió el PhD del Instituto para Estudios del Transporte en la Universidad de Leeds. Es miembro de la Institución de Autopistas y Transporte y también de la Institución de Ingenieros Civiles. Actualmente tiene un contrato como *freelance* con Standard & Poor's y dirige una consultoría, proporcionando servicios de apoyo técnico a los inversores institucionales, compañías de seguros y fondos de infraestructuras.

www.ingramcontent.com/pod-product-compliance
Lightning Source LLC
Chambersburg PA
CBHW060241230326
41458CB00094B/1404

9780956152725